BASTA DE CIDADANIA OBSCENA!

MARIO SERGIO CORTELLA
MARCELO TAS

BASTA DE CIDADANIA OBSCENA!

PAPIRUS 7 MARES

Capa	Fernando Cornacchia
Coordenação	Ana Carolina Freitas
Transcrição	Nestor Tsu
Edição	Ana Carolina Freitas
Diagramação	DPG Editora
Revisão	Isabel Petronilha Costa

Dados Internacionais de Catalogação na Publicação (CIP)
(Câmara Brasileira do Livro, SP, Brasil)

Cortella, Mario Sergio
Basta de cidadania obscena!/Mario Sergio Cortella, Marcelo Tas. – Campinas, SP: Papirus 7 Mares, 2017. – (Coleção Papirus Debates)

ISBN 978-85-9555-002-5

1. Cidadania 2. Diálogos 3. Ética 4. Redes sociais 5. Tecnologia I. Tas, Marcelo. II. Título. III. Série.

17-02152 CDD-170

Índice para catálogo sistemático:

1. Cidadania: Filosofia 170

1ª Edição – 2017

A grafia deste livro está atualizada segundo o Acordo Ortográfico da Língua Portuguesa adotado no Brasil a partir de 2009.

R. Dr. Gabriel Penteado, 253 – CEP 13041-305 – Vila João Jorge
Fone/fax: (19) 3790-1300 – Campinas – São Paulo – Brasil
E-mail: editora@papirus.com.br – www.papirus.com.br

SUMÁRIO

N.B. Na edição do texto foram incluídas notas explicativas no rodapé das páginas. Além disso, as palavras em **negrito** integram um **glossário** ao final do livro, com dados complementares sobre as pessoas citadas.

Cidadania, só que não!

Marcelo Tas – Antes de iniciar este pingue-pongue filosófico, devo dizer da honra e da alegria em conversar com você, Cortella.

Mario Sergio Cortella – Fico eu também bastante animado! Já faz algum tempo que eu quero trabalhar a ideia de cidadania de um ponto de vista não só ético, mas também moral, isto é, a questão da prática e a noção de obsceno.

Tas – Creio que o tema da nossa conversa é o avesso da cidadania. Para usar uma expressão da molecada digital é Cidadania#SQN. Cidadania, só que não!

Cortella – Gosto muito de um conceito, que considero bastante adequado ao tema deste livro, introduzido por **Enrique Dussel**, filósofo argentino que hoje vive no México.

Ele é um dos teóricos da antiga Teologia da Libertação, autor de um livro, entre tantos outros, chamado *Ética da libertação*. Quando fala de cidadania, ele não usa o termo "excluídos", mas sim "vítimas", "vitimados". Pois quando usamos a palavra "excluído", supomos que o indivíduo pode evadir-se por si mesmo. Também **Paulo Freire** nunca aceitou a expressão "evasão escolar", por remeter à ideia de presídio, como se o aluno quisesse ficar de fora da escola. Ele usava, sim, o termo "expulsão escolar", entendendo que o aluno é expulso da estrutura por não conseguir ali permanecer posto que a organização não dá razão para aquilo. Gosto do conceito de Enrique Dussel porque a noção de "vítima" supõe que existe autoria, ao passo que a "exclusão" pode ser voluntária. E em relação à cidadania, ela se mostra por vezes obscena porque vitima pessoas. Não é uma questão de liberdade, de estar ou não a fim de fazer algo. É diferente da lógica que se aplica às vezes ao sem-teto, de que ele não quer sair da rua. Isso faz seu sentido, mas não é a mesma coisa. E entendo que a percepção daqueles que são vitimados no cotidiano por uma organização social, pelo modo como estruturamos a convivência, pelos nossos valores pressupõe autoria. Isto é, se há vítima, há réu. Se há vítima, existe um responsável.

Tas – E é importante observar que, na era das redes sociais, muitas vezes a responsabilidade da autoria é diluída no coletivo. Veja o exemplo do crime bárbaro, pavoroso, cometido recentemente: "Trinta homens estupram menina no Rio de Janeiro".* O que se comentou foi: "Todo homem traz dentro de si um estuprador". A responsabilidade fica, assim, diluída no coletivo. Outro exemplo é quando alguém aponta que "no Brasil há corrupção". Temos vivido, de fato, uma avalanche de provas factuais de corrupção. Só que existe uma parte da sociedade que, mesmo afirmando prezar a cidadania, dilui esse conceito ao dizer que a corrupção está em cada brasileiro que não atravessa a rua na faixa de pedestres, no motorista que não respeita o sinal de trânsito e assim em diante. A sociedade parece não querer encarar o lado obsceno da cidadania ao não apontar os autores. De certa maneira, a coletividade é convenientemente usada, às vezes, para acobertar os problemas. Percebo que no Brasil temos muita dificuldade de encarar a autoria.

Cortella – Quando você fala de "encarar", é encarar mesmo, meter a cara de frente, colocar a cara. O curioso disso que você lembrou é que, do ponto de vista etimológico, "obsceno" significa "o que tem que ficar escondido". Isto é, o que tem que ficar fora da cena, aquilo que precisa ser colocado em outro lugar. Na origem, inclusive, quando os latinos começaram a usar essa expressão, "obsceno" era aquilo que era indizível, do contrário quebraria o pudor e, portanto, produziria vergonha.

---

* Caso de estupro coletivo que aconteceu no Rio de Janeiro, em 2016, contra uma adolescente de 16 anos. (N.E.).

Para nós, o que você está colocando, Marcelo, é exatamente o modo diversificado, é o pudor despudorado, ou seja, a capacidade de esconder para dissimular a ideia de vergonha. Você citou o caso do estupro e eu me lembrei que, no Brasil, há uns vinte anos, era moda falar em arrastão nas praias do Rio de Janeiro. Ainda tem arrastão, mas há vinte anos foi o ápice. E, na época, como relatavam, era como se todos aqueles meninos que faziam o arrastão saíssem do mar. No modo como era contado, parecia que eles estavam todos dentro d'água, que não moravam no Rio de Janeiro, que não pertenciam à cidade, que não tinham família nem estrutura. E que eles saíam do mar igual às tartarugas que se reproduzem na Praia do Forte, na Bahia. E, depois, voltavam para o mar.

Tas – Como se surgissem do nada, por geração espontânea...

Cortella – Exatamente. Então, acho que essa sua concepção do esconder, da dimensão, ela rompe a lógica do "um por todos e todos por um" colocando a ideia de que, em vez disso, é "um são todos e todos são um".

Tas – Acredito que a questão da autoria é a chave para entender a revolução em que todos estamos metidos, que é a revolução digital, que eu gosto de olhar como a revolução do indivíduo. A crise política brasileira, por exemplo, é nitidamente uma crise de identidade. A nossa jovem e frágil democracia é fruto de ideais da social-democracia sobre um chassi mais antigo, que vem dos tempos da ditadura. Lembra da "Corrente pra Frente", na Copa de 70? A gente cantava: "De repente é aquela corrente pra frente, parece que todo o Brasil deu a mão... 90 milhões em ação, pra frente Brasil... Todos juntos vamos!". Ali já estava embutida a ideia de atuação em conjunto, numa só massa, com a justificativa de que "somos todos brasileiros". Veja bem, não considero essa revolução que vivemos agora necessariamente individualista, composta por um bando de pessoas que só pensam em si mesmas. Quero acreditar que é uma oportunidade de cada indivíduo atuar no coletivo, só que de uma forma muito mais transparente, muito mais sincera e criativa. Um dos entraves para conseguir isso, que eu quero trazer para o nosso papo, Cortella, é a dificuldade que temos de ouvir as pessoas de quem discordamos e dialogar com elas. Um exemplo claro disso são os deputados homofóbicos, que viraram figuras proeminentes na mídia. Muitas pessoas que criticam a maneira violenta, às vezes até criminosa e racista, que esses ilustres deputados têm de se colocar não querem admitir que eles existam. Apontam o dedo cheio de ódio para eles querendo que desapareçam do mesmo modo como aqueles meninos do arrastão que você mencionou. Não olham para eles e veem o que realmente são: representantes de milhares, se não milhões, de eleitores com quem precisamos dialogar.

Cortella – Sempre gosto de lembrar o quanto é um risco, do ponto de vista de convivência, e até de análise, considerarmos como exótica a conduta, por exemplo, de parlamentares que são homofóbicos, ou racistas, ou militaristas no mau sentido da expressão. Porque, ao ser considerada exótica, a impressão que se tem é de que essa conduta veio de fora. Então, um parlamentar que defende a ditadura durante a nossa democracia, ou que defende a recusa à relação homoafetiva num mundo onde a liberdade e o acolhimento têm que ser mais fortes, é tomado como exótico, o que nos tira a responsabilidade de entender a representação. Porque esse que é "exótico" – entre aspas porque não o é – não é de fora; ele é de dentro. E juntamente com ele há milhares de pessoas que apoiam essa percepção. Isso muda o foco de interpretação. Quando alguém acha que o problema está só no deputado X ou Y, ou no pastor X ou Y, ou no padre X ou Y, esquece-se do quanto o exotismo coloca penumbra em cima de algo que é real.

Formador de opinião x formador de verdades

Cortella – Você mencionou anteriormente, Marcelo, que vivemos uma revolução digital. Entendo que ela permite, de um lado, o aclaramento e, de outro, o obscurecimento. Por exemplo, é possível planejar algo absolutamente horroroso por meio do mundo digital porque ele favorece o anonimato, mas também é desnudado. O exemplo que você deu em relação ao estupro no Rio de Janeiro só veio à tona porque foi postado na internet. E também a captura de quem praticou o horror só foi possível por esse mesmo motivo. É interessante essa ideia do *post*, do postar, do se colocar a público. Inclusive, tenho uma curiosidade: você acha que o mundo digital trouxe mais favorecimento de presença cidadã, de cidadania ativa? Porque quando você fala da intolerância, ela também vem nessa direção.

Tas – É preciso muito cuidado para responder a essa pergunta. Antes de tudo, é importante entender que as redes e a própria internet são apenas ferramentas. O que se deve aprender é como usar bem as ferramentas para favorecer a cidadania. Quem continua no centro do campo do nosso estudo – no seu caso, a filosofia, e no meu, a comunicação – é o velho e desconhecido ser humano, meu caro Cortella. Feito esse introito, como diria **Jânio Quadros**, vou tentar responder à sua questão.

Vamos olhar para duas características importantes do mundo digital: velocidade e anonimato. A combinação das duas pode gerar vários ruídos na hora do compartilhamento de informação ao longo do dia, da noite ou da madrugada. O mundo digital é como um pronto-socorro ou uma farmácia de plantão, nunca fecha. A velocidade dessa troca inédita e, muitas vezes, anônima pode criar, de vez em sempre, como dizem os caipiras, vários incêndios falsos na floresta. Por isso, temos que reaprender a receber as notícias para não ficarmos o tempo todo só comentando fogos ou faíscas que não existem ou não são relevantes. Porque, agora, todo dia acontece algo assim. Hoje, eu tenho cerca de dez milhões de seguidores nas redes sociais. A minha rotina é procurar aprender a manter a qualidade da comunicação, levando em conta a velocidade, o anonimato e os eventuais ruídos trazidos no pacote. Para favorecer a cidadania ativa, como você disse, há uma palavra preciosa a ser valorizada: discernimento. Esta é a prática mais importante para quem quiser navegar bem no mundo digital: a busca do discernimento. E é por essa busca que estamos aqui conversando. Espero que outras pessoas se juntem a este diálogo, a fim de chegarmos a um lugar melhor do que aquele em que estávamos antes do nosso encontro. Para praticar discernimento, um verbo importante é "ouvir". Procuro ouvir as minhas redes e dialogar com elas, para chegar a um outro lugar, longe do óbvio e do imediato. É com a prática do discernimento que procuro vencer as dificuldades da era digital em que, muitas vezes, as opiniões são formadas e deformadas na velocidade da luz. Inclusive, Cortella, já há algum tempo quero lhe perguntar: quem foi o primeiro formador de opinião da história? O nome que me vem à mente é **Platão**, que usava como rede social as ágoras gregas. Como sou frequentemente acusado, por ter muitos seguidores, de ser um formador de opinião, gostaria de entender melhor esse conceito. Como uma opinião é formada? Que cuidado um formador de opinião deve tomar para não influenciar a sociedade a praticar cidadania obscena?

Cortella – Em *Alice através do espelho*, **Lewis Carroll** traz uma personagem maravilhosa que é o Humpty Dumpty, a quem Alice retruca em diálogo: "Mas esse não é o sentido que essa palavra tem". E ele responde: "Não importa o sentido que a palavra tem; importa quem é o senhor". Ou seja, importa quem manda. O significado, portanto, pode representar a opinião como convencimento. Isto é, eu a expresso porque a adoto ou a expresso porque alguém, que tem sobre mim ascendência, me fez adotá-la e, por essa razão, acho que é o correto já que ele pensa assim? Na dialética do senhor e do escravo, a opinião do senhor é o que o faz senhor. Aqueles que se opõem a ele normalmente são os que querem também ser formadores de opinião. Uma das grandes dificuldades com Platão, que você bem mencionou, Marcelo, é que, quase sempre, quem relata a alegoria da caverna – que está no "Livro VII" d'*A República* e fala de um mundo onde os homens estão iludidos por meras aparências – supõe que já saiu de lá, que não está mais dentro dela, e que os outros continuam ali. Isto é, aquele que acha que já saiu da caverna se considera um formador de opinião. Vou dar um exemplo: você, Marcelo, tem milhões de seguidores e eu, quase um milhão no Facebook. Eu pedi várias vezes que não se chamem de seguidores porque não sou um profeta. Quem tem seguidor é profeta. Podemos chamar de dez milhões de partilhas, ou cinco milhões, ou o que for. A noção de seguidor supõe ausência de opinião. Afinal, "eu opinião contigo partilho". Se eu sou seu seguidor, não é opinião, e sim um conceito. Quando você me pergunta quem foi o primeiro formador de opinião, do ponto de vista teórico, temos autores que trazem à tona algo da filosofia antiga. Os gregos faziam uma distinção entre opinião – a mera opinião, a "achologia" – e verdade. Aquilo que é a verdade, eles chamavam de *episteme*. Já à opinião atribuía-se o nome de *doxa*. Por exemplo, tenho um respeito imenso pelo doutor **Drauzio Varella**. Para mim, o que ele emite não é opinião, e sim algo verdadeiro. Mas isso é o que eu, Cortella, penso. Não considero "achologia" o que ele diz. Portanto, eu o vejo não como um formador de opinião, mas sim como um formador de verdades. O que diferencia um formador de verdades de um formador de opinião é a autoridade, a competência que ele tem. Considero você, Marcelo, uma autoridade em comunicação. A sua opinião, para mim, se aproxima mais da verdade do que a minha mesma. Nesse sentido, volto à questão do mundo digital. Hoje, o mundo digital, até pela capacidade de velocidade, instantaneidade, simultaneidade, permite o reino da "achologia" sem nenhuma dificuldade. Algumas pessoas chamam isso de "liberdade de opinião", outros dizem que é o "reino da mediocridade". Para alguns, ainda, tudo isso tem a "profundidade de um pires"; por outro lado, se chama "democratização". Ora, será que a opinião democrática é aquela que todos partilham ou é aquela sobre a qual todos puderam refletir por si mesmos?

Tas – Muito bem colocado, Cortella. Creio que há uma oportunidade preciosíssima nas redes sociais que podemos perder se colocarmos tudo numa gaveta só. O mundo digital não é uma revolução que veio para nos libertar, mas também não acredito que seja um lugar onde só existam "achismos". Não é uma questão simples. Estamos diante de uma complexidade da qual não podemos fugir. O mundo em que vivemos hoje é de questionamento da autoridade, como nunca aconteceu antes. A verdade está cada vez mais frágil. E isso é bom.

Cortella – Sim, esse é o lado bom.

Tas – Acredito que tudo isso esteja muito ligado a algo que é a sua praia, Cortella: a sala de aula. Você nasceu em que ano?

Cortella – Nasci em 1954. Sou cinco anos mais velho que você.

Tas – Somos de uma safra boa! [*Risos*]

Cortella – Muito boa, maravilhosa!

Tas – O nosso acesso ao conhecimento se deu num ambiente onde praticamente a única fonte de informação era o professor. Ele entrava na sala de aula, enchia o quadro-negro e o que a gente fazia? Copiava. Vamos ser justos com a molecada da era digital: nós é que fomos a geração do *copy* e *paste*, não eles! Nós fomos amestrados a copiar e colar do quadro-negro, sem questionar a fonte da informação. Aliás, tal questionamento não era estimulado já que não havia outras fontes de informação para confrontar a autoridade. Fomos criados assim. A geração que, espero, esteja lendo este livro, já nasceu rodeada por milhares de fontes de informação. É uma turma que tem como questionar o que estamos falando com apenas um clique. Essa é uma diferença relevante quando olhamos a história da comunicação e da troca de conhecimento em perspectiva. Uma pessoa, hoje, quando vai a uma consulta médica, muitas vezes, chega com um nível de conhecimento da doença que se aproxima daquele do profissional de medicina. Às vezes pode até superar, se o médico for desleixado ou ocupado demais para não acompanhar as mudanças na especialidade dele. É claro que eu não estou desvalorizando a experiência e o conhecimento dos médicos. Mas, para usar como exemplo, conheço pais de autistas, que sabem mais sobre a doença do que os médicos que tratam dos filhos deles.

Cortella – Sim, porque esses pais têm a vivência.

Tas – A vivência e as redes. Eles encontram documentos a que não tinham acesso antes. Confrontam com outros pais, com outros especialistas e pesquisadores o que aprendem diariamente com o filho.

Cortella – Isso alarga a possibilidade de cidadania e reduz um pouco a obscenidade que ela ainda tem quando recusa essa ferramenta às pessoas.

Tas – E dessa fricção de cérebros, corações e experiências, tudo numa velocidade muito alta, é que pode surgir o discernimento, que é o que todos nós queremos.

Cortella – Você se lembra, Marcelo, do filme *O óleo de Lorenzo*? É a história real de um casal que busca ele mesmo um tratamento para a doença do filho, com a qual a medicina de maneira nenhuma conseguia lidar. Esses pais passaram muitos anos atrás disso. Na época, eles não dispunham da internet. Se dispusessem, seria de uma eficiência, uma eficácia extremamente veloz.

Tas – A velocidade das trocas, em vários níveis, é talvez a característica mais relevante dos nossos tempos. Antes, falamos dos efeitos colaterais nocivos da velocidade. Agora, você acabou de dar um exemplo de uma virtude da velocidade.

Cortella – É que eu faço uma distinção entre velocidade e pressa. Nós temos um mundo muito mais apressado do que veloz. Por exemplo, eu quero velocidade ao ser atendido por um médico, mas não quero pressa na consulta. Eu quero velocidade na hora de acessar um contato, mas não quero pressa nesse contato. A pressa é superficial; a velocidade, não. Velocidade é sinônimo de perícia. Quando na Copa do Mundo de 1986 o deputado **Nabi Abi Chedid** aceita, incomodado, responder a uma pergunta sua sobre esporte, Marcelo, e você então questiona: "Qual é a sua próxima jogada?", isso é velocidade de raciocínio. Outra coisa é raciocínio apressado. Acho disparatado que alguém, por exemplo, faça um curso de velocidade de leitura, como aquele que alguns chamam de leitura dinâmica, sendo que a grande tarefa da leitura é a fruição, a reflexão, a meditação. Eu preciso de velocidade na leitura de um relatório no qual nada me importa a não ser três ou quatro coisas. Naquilo que importa, não posso ter pressa. Por que estou dizendo isso? Porque, em sua origem, a formação de opinião vem da autoridade intelectual. Quando você menciona Platão, eu diria que, tal como **Sócrates**, tal como outros, ele era um formador de opinião porque era considerado uma autoridade no assunto.

Tas – A ferramenta de Platão era mesmo o diálogo ou foi só o *marketing* dele?

Cortella – Há uma diferença entre o diálogo platônico, ou o diálogo socrático, e o diálogo de Paulo Freire, por exemplo. A personagem principal de Platão é Sócrates, que, durante muito tempo, nem se imaginou que tivesse, de fato, existido. De 35 diálogos platônicos, Sócrates está em quase todos. Mas o diálogo socrático, que é o diálogo platônico, é o contrário da cidadania de que estamos tratando aqui. Nele, há uma suposição de Sócrates de que o outro com quem se dialoga é um néscio. Isto é, não é tonto, mas desconhece o assunto do qual se está falando. Qual a tarefa do filósofo? Levá-lo à luz. A tarefa de Platão no diálogo é fazer com que aquele com quem se dialoga se ilumine. É tirar o outro de dentro da caverna. A suposição, portanto, é de que já se está fora da caverna e é preciso levar o outro pela mão para lá. Já no diálogo de Paulo Freire, ninguém domina tudo nem ignora tudo. Isso supõe uma relação de diálogo contributivo, ao passo que o diálogo socrático é um diálogo iluminador de um só.

Tas – Senti que você colocou o diálogo de Paulo Freire num patamar superior ao de Platão...

Cortella – Nesse ponto, sim. Porque a pedagogia platônica, a pedagogia socrática, tem a suposição de que a autoridade sabe e a autoridade diz. E nós, os mortais não iluminados, executamos. A pedagogia freiriana entende que a verdade vai se construir na relação do diálogo. Que ninguém é portador do correto no ponto de partida, mas poderemos sê-lo juntos no ponto de chegada. O que torna obscena uma parte de nossa cidadania é ainda certa posição iluminista das elites que supõem que dominam aquilo que é necessário para que a vida conjunta aconteça, cabendo aos outros apenas obedecer. E o que o mundo digital fez? Ele explodiu a noção de autoridade.

Tas – Exatamente. E essa é a beleza que vejo no mundo digital. Para tentar explicar isso, o filósofo **Zygmunt Bauman** trouxe a visão do mundo digital como um mundo líquido, uma realidade que escorre pelos nossos dedos, que derrete, que fragiliza as certezas. Muitas pessoas o consideram pessimista. Já eu penso o contrário, acredito que ele nos aponta uma tarefa árdua: encarar a vulnerabilidade das nossas certezas. Essa é a grande dificuldade da nossa geração, Cortella, uma bela safra que agora tem que aceitar a explosão da nossa autoridade, como você disse. Fomos forjados numa sala de aula onde havia apenas uma fonte de informação segura, o professor. Lembra? Havia até o livro do professor, que já vinha com as respostas prontas.

Cortella – Assim como havia o Manual do Escoteiro. Só é possível o Manual do Escoteiro se toda a verdade já estiver construída.

Tas – Sim, a gente vivia num mundo onde havia, ilusoriamente, resposta para tudo. A beleza que estamos experimentando hoje é a oportunidade de o professor, por exemplo, se colocar na sala de aula como Paulo Freire sugeriu na pedagogia dele. O saber pode e deve ser construído no diálogo, sem donos da verdade mas com discernimento, com a fricção de corações, mentes e experiências. Dessa forma, todos aprendem. Essa, para mim, é a chave. Gosto de usar um exemplo que é muito claro, da mudança na geografia da sala de aula.

Por curiosidade, fui atrás da imagem da primeira sala de aula da história. É uma pintura da Renascença, retratando uma sala de aula da Universidade de Bolonha, na Itália da Idade Média. Podemos observar o professor – o dono da verdade – lá na frente, os alunos na função de *copy* e *paste*, anotando tudo o que ele fala, e até mesmo um cara dormindo e outros conversando lá no fundão. É um retrato muito parecido com a minha primeira sala de aula e até mesmo com grande parte das salas de aula de hoje. Portanto, a explosão da autoridade trazida pelo mundo digital, que estamos vivendo agora, é uma quebra de paradigma de um modelo seguido durante séculos.

Cortella – Uma das coisas que considero mais fortes é que esse modelo de educação formal a que você se refere começa a ser dinamitado pelo mundo digital. Há outros modos de sala de aula – com a incorporação das novas tecnologias, o estudo baseado na resolução de problemas concretos, a distinção maior entre informação e conhecimento (na qual a primeira é meramente cumulativa e o segundo, seletivo), a pesquisa como ato mais coletivo do grupo etc. –, e eles voltam um pouco ao modelo grego clássico da praça, da ágora, aquilo que seria a arena onde as coisas acontecem na vida real, e as trocas de ideias e o conflito de posições elevam o conhecimento pela diversidade. O diálogo que se dá pelas redes, ou pelo modo que for, é uma espécie de ágora, de arena onde opinamos. Mas ele ainda é marcado por algo da democracia grega. Pois tal como a nossa, a democracia ateniense, tão admirada com toda razão, era restritiva, tomando por cidadão, com **Péricles** no século V a.C., apenas o homem grego, maior de 18 anos.

Tas – A mulher estava excluída?

Cortella – Sim, e também os estrangeiros e os escravos, o que reduzia o número de cidadãos a 10% da cidade-estado. Alguém pode dizer: "Que absurdo! Os caras fazem democracia, mas só 10% têm acesso a ela?". Pois bem, nós temos um modelo em que, formalmente, existe a inclusão em relação à presença na gestão pública, na gestão da vida privada, mas que também é excludente. E ele é excludente não porque uma pessoa não possa votar ou ser votada. Mas porque, como ela não tem acesso a todas as ferramentas de formação da opinião própria, ela é conduzida. O lema da capital paulista, *Non ducor, duco*, ele é o mesmo de algumas pessoas: "Não sou conduzido, conduzo". A percepção de que temos a possibilidade de uma cidadania no sentido de ação participativa na democracia é restritiva porque o mundo digital ainda não é apropriado, tornado próprio, pelo conjunto da população. Mas uma parcela já o faz. Por exemplo, as pessoas hoje têm muito medo da periferia. Nas grandes cidades há um temor porque a rede digital permite a organização que antes só era possível com a presença física. Antigamente, era só juntar um grupinho que a polícia já chegava e o dissolvia.

Tas – Era algo visível, passível de controle.

Cortella – Exatamente. Hoje, não. É possível combinar o rolezinho pela internet.

Tas – O verbo que os jovens usam é "brotar". "Eu vou brotar na frente do *shopping center*."

Cortella – O curioso é que "broto" em grego é *klon*, de onde vem "clonagem". Então, eles vão aparecendo como "clones".

Tas – Eles fazem um *download* em carne e osso.

Tas – Surge agora toda uma nova geração de formadores de opinião na internet, que são os *youtubers*, os tais influenciadores – que, aliás, é a palavra da moda.

Cortella – Alguns desses *youtubers* recomendam ou sugerem que usam certos produtos, influenciando o consumo, e isso preocupa quando é só mercado. Existe aí, sim, um nível de obscenidade no sentido de ser algo despudorado, mas creio que ninguém suponha que o *youtuber* não receba algum tipo vantagem ao indicar um produto. A novela também faz isso, com o penteado, o colar, a roupa, a sandália que a atriz usa. Quando, por exemplo, o vendedor grita, no fim da feira, “3 por 1”, não considero que ele esteja sendo sacana. Entendo que ele precisa vender o que sobrou de algum modo para ir embora. O que acho obsceno, de fato, é quando não há um aclaramento, e sim um disfarce. Isto é, quando alguém simula algo que não é. Anos atrás, havia uma série de *blogs* ou *sites* que tentavam enganar seu público. Agora não, boa parte dos *youtubers* que tenho visto são capazes de desnudar também a função daquilo que estão fazendo.

Tas – É um modelo de comunicação e negócio ainda em construção. Mas o que mais me fascina nisso tudo é que, mesmo com tanta tecnologia e armações, no fim das contas, o que continua valendo são as boas histórias. Os tais influenciadores só irão influenciar alguém se forem bons contadores de histórias. E essa é a origem do nosso diálogo aqui.

Cortella – Dentro da caverna, em volta da fogueira...

Tas – Sim, é o que importa. Claro, sempre haverá pilantras tentando aplicar golpes de toda sorte. Só que, agora, há maneiras mais transparentes, ágeis e eficientes de desmascarar os truques. Tenho filhos de várias idades e percebo claramente o quanto hoje eles são mais atentos do que eu era na idade deles. Eu engolia, sem questionar, a televisão aberta, a principal mídia da minha infância, que era autoritária, com uma grade de horários rígidos, que só falava sem me ouvir. Não havia como dialogar nem questionar a televisão. Hoje, na era do diálogo digital, percebo que as crianças e os jovens são mais sagazes para perceber se Fulano de Tal está usando uma camisa no YouTube, por exemplo, só porque foi pago para isso. Aliás, esse é um assunto recorrente entre eles: como os seus ídolos "monetizam" – esse é o verbo usado – seus canais de comunicação. O tema é destrinchado e esclarecido de forma detalhada e transparente porque as informações são compartilhadas na velocidade instantânea das redes. Os consumidores de informação de hoje têm ferramentas e formas mais eficientes para desmascarar eventuais obscenidades dos seus próprios influenciadores.

Cortella – É uma expressão ótima essa: “desmascarar”. Porque vivemos ainda uma circunstância que tem máscaras em vários lugares: uma democracia mascarada de participação ativa, uma cidadania que não partilha aquilo que é o recurso coletivamente construído, do que decorre um nível de privilégio para alguns que é fortíssimo. Fala-se em qualidade, mas o que se tem é privilégio. Por exemplo, São Paulo é uma cidade na qual se come muito bem. Mas quem come? E quem come o quê? A cidade de São Paulo tem mais de 280 cinemas, 101 museus e acima de 160 teatros, mas quem pode frequentá-los? O desnudamento possível obtido hoje com a internet não resolve ainda esse problema. Ele pode produzir revolta, indignação, mas não necessariamente mudança.

Tas – Posso contar um exemplo de mudança? Minha filha Clarice tem dez anos. Quando aconteceu o massacre em Orlando, nos Estados Unidos, onde pessoas foram assassinadas dentro de uma boate frequentada pela comunidade LGBT, a Clarice assistia comigo ao noticiário na TV. A notícia nos impactou, evidentemente, e eu tive que correr atrás de todas as informações para comentar sobre o caso na televisão, no meu *blog*, na rádio... Estudei o assunto profundamente, para chegar o mais perto possível do que realmente aconteceu. Procurei saber quem era o atirador, a história dele, qual o nível de sua psicopatia, enfim, busquei muita informação. Dois dias depois, a Clarice me chama: “Papai, venha aqui que quero te mostrar o que o **Luba** falou". O Luba, não sei se você conhece, Cortella, é um *youtuber* muito famoso. Hoje em dia, há muitas pessoas famosas que a gente não conhece...

Cortella – É como o sujeito que me falou: "Você está ficando famoso". Respondi: "Eu já era, você é que não sabia".

Tas – Eu brinco de criticar o Luba, só para cutucar a Clarice, mas na verdade eu o admiro. Quando ela me chamou, eu disse: "Ah, não, Clarice, de novo esse cara!". "Mas, papai, quero que você ouça o que ele está falando aqui. Desta vez ele não fez piada." Cortella, o Luba fez simplesmente, de longe, a melhor análise do massacre de Orlando que vi. Falou do assunto como homossexual assumido que é sem ódio, algo hoje tão comum nas redes. Ele conseguiu fazer uma análise com tal nível de profundidade que me deu a certeza do enorme preconceito que ainda existe contra os *youtubers*, contra os tais influenciadores.

Cortella – Acredito que uma das coisas que o mundo digital está conseguindo fazer é oferecer fontes múltiplas, diversificadas, algumas delas com garantia de confiabilidade quando você cruza informações com outras redes. Por exemplo, hoje posso decidir se vou ou não a um restaurante com base na avaliação de pessoas que ali estiveram.

Tas – Sim, os avaliadores anônimos que agora ganham relevância...

Cortella – Isso é melhor, inclusive, do que a opinião de um jornalista visitador que foi lá duas vezes anonimamente e atribuiu uma nota em estrelinhas, apesar de, sem dúvida, ela também ser uma garantia. Se estendermos essa condição para o mundo da ação política no cotidiano, isso aumenta, multiplica por mil a condição de uma intervenção. O nosso país só vive hoje um movimento de limpeza ética por conta de imprensa livre, plataformas digitais e capacidade de informação.

Tas – Mesmo que tudo isso esteja sujeito a ruídos e erros.

Cortella – Sim, sempre. Mas há uma parte dessa história que é complicada. **Marx** e **Engels**, no *Manifesto Comunista* de 1848, colocam algo que é forte. Marx diz que "tudo que é sólido desmancha no ar". Isso inspira vários escritores, inclusive Bauman e sua ideia do mundo líquido. Marx se referia à primeira metade no século XIX, no sentido de que não havia instituições com nível de confiabilidade, tudo se alterava com muita velocidade e as instituições políticas e mercantis estavam sempre balançando e tremendo na sustentação, com mais promessas de vida boa e livre do que realizações de fato. Marx fez uma diferença entre "liberdade de" e "liberdade para". Alguém só é "livre para" quando é "livre de". Isto é, se a pessoa for livre da fome, livre da ausência da escolaridade, livre da doença sem alternativa, então ela é livre para escolher, livre para navegar, livre para interromper a ação, livre para refletir, livre para procurar. Poucos poderiam manter uma opinião sobre o massacre em Orlando como você, Marcelo, porque não dispõem do tempo necessário para buscar múltiplas fontes. Mas, acima de tudo, é preciso ter critério. Quais são as nossas fontes confiáveis? Esse *youtuber* que você citou aparece para sua filha como alguém em quem ela confia. Mas ele só terá esse nível de confiabilidade enquanto o for. O curioso é que ele sabe disso. Se ele não for confiável, levará segundos para deixar de sê-lo. Basta uma única informação equivocada para ser retalhado. Acho que esse é um contributo a desnudar.

Tas – Concordo. Mas quero chamar atenção aqui para o fato de muitos pais não darem valor para as fontes dos filhos por puro preconceito, por acreditarem que aquilo é água diluída ou com a profundidade de um pires. Às vezes é, às vezes não. Muitas das coisas que aprendi e levei para a minha vida profissional, vieram dos meus filhos. Da minha prática de procurar ouvi-los com discernimento. Isso não significa que eu concorde sempre com eles. Mas muitas das coisas que eles trouxeram até mim, eu jamais descobriria. Nem com todo o ócio do mundo.

Cortella – Você sabe que é uma questão de atitude, de aproximação daquilo que, de fato, é diálogo. Se um pai tem a perspectiva do diálogo socrático, ele se dirige ao filho para iluminá-lo. Se tem a perspectiva do diálogo freiriano, dirige-se a ele para com ele também aprender. Eu sempre digo que os pais precisam de cautela, porque uma parte deles, ao chegar em casa, quase não tem contato com a escolaridade dos filhos, a não ser por uma pergunta que é impertinente: "O que você aprendeu hoje?". Isso é auditoria.

Tas – Ou: "Qual foi a sua nota?".

Cortella – Exatamente. Se quisermos chegar ao mesmo lugar, mas com outro modo de aproximação, a pergunta deve ser: "Filho, o que você pode me ensinar hoje?". Chega-se ao mesmo lugar, que é saber o que o filho aprendeu de conteúdo. A maneira de aproximação, aquilo que os ingleses chamam de *approach* altera imensamente o sentido da aproximação.

Tas – O verbo que você usa já aponta para uma dica preciosa. Não só para pais mas, principalmente, para líderes empresariais, líderes comunitários, líderes religiosos, médicos, jornalistas, dentistas... Quando alguém formula a frase "o que você pode me ensinar hoje?" significa que se está disponível a quê?

Cortella – A aprender, claro.

Tas – E é aí que está a dificuldade do líder empresarial, do professor, do comunicador – estou me colocando nesse drama também –, de alguém que sempre pensou que sabia de tudo: "Ué, agora vou ter que aprender com os caras que eu estava ensinando?". Essa é a tarefa que temos diante de nós, agora, meu caro Cortella.

Cortella – O que temos hoje com muita força é a possibilidade de conquistar as novas gerações para uma causa que seja mais ampla, sem querer aí ser profético. O mais jovem precisa e pode, com todas as ferramentas, se engajar, e aí vejo duas grandes questões. A primeira é a questão da ecologia, considerando a ideia de nossa própria existência coletiva no futuro estar ameaçada. A segunda é a temática de desigualdade, da convivência e da propriedade. Sem partidarizar nem ideologizar em excesso, o tema da ecologia e o da desigualdade social são fortíssimos. Por exemplo, em minha atividade como palestrante, encontro muitos jovens com essa mentalidade e que mantêm empresas cujo retorno precisa ser ou de natureza de proteção ambiental ou que faça crescer a vida da comunidade. Eles estão fazendo o que se chama de investimento social. Essas empresas só são possíveis porque há toda uma formação de fundos e investimentos a partir do uso do mundo digital e de uma causa comum. Sempre digo que não conseguimos lidar com as novas gerações, nem conosco, aliás, porque ainda não erotizamos esses temas. Eles não são um desejo, porque estão no futuro. Nós erotizamos uma calça *jeans*, um carro, um par de tênis, mas quando dizemos: "Estude, filho, porque daqui a vinte anos você vai ser alguém", isso não emociona. Numa sociedade do imediato, do instantâneo como a nossa – e aí é o contributo negativo do mundo digital –, anunciar um tempo futuro, em que as coisas *podem* acontecer, é absolutamente esotérico. O que o mundo um pouco menos apressado nos ensinou, Marcelo? A trabalhar com historicidade. Não estou propondo aqui uma volta ao passado, pois isso seria tolo. Mas há aprendizados no tempo e na história. Num livro que fiz com o **Yves de la Taille**, *Nos labirintos da moral*,* eu digo que o jovem, hoje, vive o presente. E, ao viver só o presente, ele absorve como legado dos romanos o pior conselho, que foi o *carpe diem*. Embora **Horácio** o tenha escrito logo no começo de suas *Odes*, no século I a.C., o lema "aproveite o dia" vem na decadência do Império, nos séculos III e IV d.C. Isto é, "está tudo desabando, vamos para cima. Primeiro a gente enlouquece, depois vê como fica". Se observarmos, uma parte da nova geração vive a emoção no limite máximo. O instante tem que ser vivido no limite máximo. Por isso, antes de ir a uma festa, por exemplo, o jovem faz um "esquenta" e consome produtos que o deixam num estado absolutamente pronto. Ao chegar na balada, ele bebe energéticos, fica com duas ou três pessoas. E quando vai deitar, não consegue dormir. Precisa tomar o remédio tarja preta da mãe ou do pai para conseguir repousar. Como ele é freado à força pelo medicamento, para dar partida de novo no corpo ele tem que, outra vez, tomar outro produto. Então, o pai chega em casa e pergunta para o

* Campinas: Papirus, 2005. (N.E.)

filho: "Você não vai estudar? Daqui a vinte anos, o que você vai ser?". "Ah, quando chegar lá eu vejo." Porque o instante está desconectado dessa questão da história. No meu entender, existe no instantâneo um pouco de uma "perspectiva Miojo".

Tas – Creio que o risco de enfiar o pé na jaca do mundo instantâneo existe, mas posso dar um exemplo que contradiz tudo isso? Novamente, está ligado ao massacre da boate em Orlando. Um dia depois do atentado, uma banda de *rappers* de Beirute, no Líbano, deu uma entrevista à NPR, a National Public Radio em Washington, nos Estados Unidos. O líder da banda falou o seguinte: "Estamos muito impressionados com essa violência. Somos de Beirute e lá não acontece esse tipo de coisa. Sou homossexual e me senti duplamente chocado com o que aconteceu, por isso quero cantar uma música que fizemos sobre a violência, sobre ser baleado". É impossível não pensar: "Esses caras moram numa cidade que está em ruínas, que está sendo atacada todos os dias, onde tudo é possível explodir a qualquer momento, e eles estão demonstrando compaixão pela cidade de Orlando – teoricamente o lugar mais protegido do mundo – por meio da música". Isso me diz muito. A compaixão de um *rapper* homossexual árabe por pessoas que se divertiam numa boate *gay* em Orlando, Flórida, um dia depois da violência a que foram submetidas, só é possível por conta da velocidade e da instantaneidade do mundo em que vivemos.

Cortella – Sem dúvida, é uma resposta imediata.

Tas – Sim, porque o mundo globalizado fez com que uma banda do Líbano estivesse na NPR 24 horas depois do atentado e porque isso está na internet.

Cortella – Você chega num ponto que me agrada. Ao olhar o Brasil hoje, às vezes, a pessoa pode pensar: "Está tudo muito confuso". Eu digo: "Não está confuso. O que temos é excesso de variáveis". Em relação ao mundo digital, não é que ele seja dúbio, confuso. Não é que a estrutura do mundo digital seja dupla; é que ela tem muitas variáveis.

Tas – A estrutura do digital não é confusa, é complexa.

Cortella – A mesma condição que permitiu à banda de Beirute fazer essa manifestação também possibilitou ao terrorista, ao atentador, ao assassino que ele se organizasse e planejasse.

Tas – E que ele fosse pego.

Cortella – Sim. O atentado às Torres Gêmeas em setembro de 2001 só foi possível porque o mundo digital permite maior anonimato, comunicação sigilosa, transfêrencia de dinheiro eletronicamente em pouco tempo etc. Então, volto ao ponto – porque não tenho dúvidas de que duas das piores coisas na área de formação e educação escolar são a "informatofobia" e, é claro, seu oposto, a "informatolatria" – e nada disso é confuso; é múltiplo, tem variadas condições e possibilidades de exercício. Hoje, parte daquilo que é a tecnologia permite um mundo menos inóspito para qualquer pessoa. Isto é, nós não colocamos ainda e de vez a tecnologia a serviço da vida coletiva, aquela em que não há restrição de alimentação, restrição de atendimento, restrição de emprego, restrição de saúde etc; persistem encantamentos e desapontamentos.

Tas – Cortella, quero contar um "causo" até para acreditar que ele realmente aconteceu. Nos anos 1980, fui estudar Cinema e Televisão na New York University (NYU). Resolvi ter um momento de parada em minha vida. Aliás, hoje infelizmente vivemos poucos momentos de parada. A gente não para mais.

Cortella – Como dizia **Guimarães Rosa**, a gente vive em voz alta.

Tas – E isso não é bom para a cidadania. Na época, ganhei uma bolsa da Fundação Fulbright e consegui ter esse momento de parada. Eu já era conhecido, estava com a cara na televisão, mas aí a minha intuição falou: "Não, você precisa dar uma parada agora porque tudo está acontecendo numa velocidade muito alta". Passei dois anos fazendo um curso de Cinema e Televisão no paraíso do estudo das imagens em movimento, a NYU, uma das melhores escolas de cinema que existem. Já na hora de voltar, por acaso, descobri um departamento novo, ainda em obras. Como sempre fui muito cara de pau e curioso, entrei e quis saber o que era aquilo. Vi umas caixas no chão e perguntei o que era. "Isso é computador."

Cortella – Em que ano foi isso?

Tas – 1988. Não havia ainda o computador pessoal.

Cortella – Estava começando a surgir. O primeiro foi em 1982, só que o acesso a ele era absolutamente restrito.

Tas – Comprei meu primeiro computador em 1992.

Cortella – Era um 386 DX2?

Tas – Era um Mac Plus, da Apple. Isso por conta justamente desse curso que fiz na NYU, em 1988, de Mídias Interativas. Lá, pela primeira vez, usei um computador pessoal, um Macintosh. Mas a história que quero contar é a seguinte: um belo dia, um dos professores nos falava sobre a invenção do livro. Ele fazia uma ligação entre a revolução que foi a publicação dos livros no século XV e a revolução digital, que estava se iniciando. Ele disse algo assim: "O livro, sem dúvida, foi um momento central na revolução da comunicação e na forma de espalhar o conhecimento. Mas quero que vocês prestem atenção no cara que teve a ideia de colocar números nas páginas dos livros. Por meio da numeração das páginas, mentes em diversas partes do mundo puderam discutir ideias olhando para a mesma tela! Era a primeira vez na história humana que cientistas, artistas, políticos, líderes políticos e empresariais compartilhavam informações precisas, registradas numa plataforma contendo textos e imagens: o livro. Em diferentes partes do mundo, a vanguarda da época era debater ideias usando conhecimentos preexistentes, trocando páginas numeradas como referência a seus argumentos". Fiquei sem dormir aquela noite. Uma alegria imensa me invadiu ao perceber a oportunidade preciosa que nos oferece a revolução digital: usar a fricção de corações e mentes, a interação veloz a distância para produzir mais conhecimento. No século XV, o fenômeno era limitado evidentemente pela velocidade da realidade mecânica do mundo físico na publicação e na distribuição dos livros. Mas ali está o início da interatividade mais aberta e acelerada entre os seres humanos, do aprendizado a distância. Dá para ver claramente a influência dos cientistas que fizeram os primeiros estudos do corpo humano da época nas obras de **Michelangelo** e **Leonardo da Vinci** e vice-versa. Passei a olhar para a Renascença como fruto da primeira interação em tempo real entre arte, ciência e tecnologia.

Cortella – É verdade. A primeira plataforma de ensino a distância foi o livro. Nada teríamos, por exemplo, de Platão, **Aristóteles**, **Heráclito**, **Parmênides** se não fosse o registro em forma de livro, seja com papel, seja com pergaminho, seja com pele, seja como for. A grande novidade que seu professor coloca ali, quando fala da numeração, é o ordenamento do conhecimento humano.

Tas – Exatamente. Passamos para uma outra fase do jogo. É uma grande diferença. Agora, trocamos páginas numeradas o tempo todo, instantaneamente. Quem diria que, hoje, cada um poderia consumir e também produzir conteúdo autoral próprio, sem necessariamente trabalhar em jornais, rádio ou TV? Pense nos jovens que nasceram nessa realidade e ainda são obrigados a ficar quietinhos dentro de uma sala de aula por 50 minutos, enquanto dentro do bolso deles há um aparelhinho pulsando com um mundo infinito de possibilidades. A sala de aula ficou muito pequena para a produção do conhecimento. Não estou dizendo que o celular ou outra tecnologia resolvam tudo ou sejam melhores que o professor. Só sugiro que a escola ouça mais esses jovens inquietos para poder, com muito trabalho e uma boa dose de sorte, dar um jeito de se reinventar. Aqui, faço uma pergunta: o que nós temos a aprender com a instantaneidade da informação, meu caro Cortella?

Cortella – Que há uma amplificação do modo de funcionamento do nosso cérebro, que faz toda essa conexão de informações de maneira absolutamente veloz. Quando se tem alguma interrupção neural, não é mais possível fazer conexões, o raciocínio fica lento. O que eu considero estupendo é que temos, nos 500 anos mais recentes, a realização de um sonho imenso de toda a história da filosofia de que a Terra fosse um grande cérebro. Nesse sentido, quando no século XV **Gutenberg** traz a difusão por meio do tipo móvel, faz o mesmo que a internet hoje. O tipo móvel foi uma difusão absolutamente inédita daquilo que eram a comunicação e a informação. Essa comunicação que vem com Gutenberg é originada das viagens comerciais que estavam fazendo a rede. Não haveria Ocidente, não haveria o Renascimento, que é a explosão do capital que precisa se expandir, sem três grandes invenções chinesas: o papel, a pólvora e a bússola. E sem **Marco Polo**, nem tomate vinha da posterior América, nem macarrão da China, de modo que não teríamos a Itália com toda alegria que ela pode proporcionar. Mas se lembrarmos que temos até hoje pessoas que não sabem ler, num país que fala em mundo digital e alfabetização digital – o que também é necessário –, observamos naquilo que seria básico, considerando que o tipo móvel data de 1439, uma cidadania ainda fraturada. Ainda temos 13 milhões de pessoas com mais de 15 anos de idade que não conseguem ler o lema da própria bandeira, "Ordem e Progresso". Nós somos um dos poucos povos que têm uma inscrição alfabética na bandeira, no entanto esse lema não é lido por, pelo menos, 8% da população do país. Isso significa que o esforço de Gutenberg no sentido de disseminação daquilo que seria a impressão não cumpriu a totalidade do que se imaginaria como desejo de humanidade. Em outras palavras, essa rede ainda é restrita. Mas ela pode não o ser. Quando você, Marcelo, vê as caixas de computador na sala em obras, está enxergando ali uma revolução. Essa revolução, no entanto, não dispensa a educação formal, ela apenas muda as paredes dessa educação. Escrevi um livro chamado *A escola e* *o conhecimento*,* no qual faço uma brincadeira: se um monge medieval entrasse em catalepsia, isto é, em morte aparente, e fosse colocado numa cripta e de lá saísse agora, intacto, ao andar, por exemplo, em São Paulo, ele entraria em desespero ao ver gente saindo de buraco (metrô), tendas de ferro lotadas de imagens nuas (bancas de jornal), máquinas, carruagens pilotadas sem cavalo (veículos), pessoas caminhando sem falar umas com as outras e olhando para um aparelho, sem nenhum tipo de convivência... Ele entraria em desespero e iria tateando por todos os lugares. Em algum momento, ele bateria a mão numa porta que se abriria e, então, estaria dentro de uma sala de aula, o único lugar que lhe seria reconhecível.

Tas – Que ainda está do mesmo jeito...

Cortella – Sim. A mesa, as carteiras, o mobiliário... Por isso, o único lugar em que ele ficaria sereno seria numa sala de aula.

Tas – Só que é importante notar: a escola não vai se atualizar simplesmente colocando iPads e lousa eletrônica dentro da sala de aula. Não é isso. A mudança que interessa é a que acontece dentro da gente. E ela já aconteceu. Outro dia, após um encontro com estudantes da Fundação Lemann, o ministro **Luís Roberto Barroso**, do Supremo Tribunal

---

* São Paulo: Cortez, 2014. (N.E.)

Federal, pediu para "desgravar" o que ele tinha falado. Muito à vontade com os alunos, o ministro havia conversado sobre vários assuntos importantes, de forma clara e direta, algo incomum para uma autoridade da República. No momento em que soube que tudo havia sido transmitido pela *web* e pelo sistema interno de TV do Supremo, ele pediu para "desgravar a fita". Mas aí, já era. A realidade agora é assim: falou, já está publicado. Os jovens usam, inclusive, uma expressão que eu amo: "já é".

Cortella – Eu me vi numa situação dessas outro dia com o Pedro, meu filho mais novo, que é jornalista. Estávamos conversando informalmente e, enquanto me servia de uísque, sem que eu percebesse, ele começou a gravar nosso bate-papo. Quando concluí uma fala, ele postou o vídeo na internet porque queria me mostrar o quanto aquilo era fácil de fazer. Em menos de trinta segundos, a gravação já tinha uma série de curtidas. Como não queria nem devassar a minha intimidade nem fazer propaganda da marca do uísque, pedi para que retirasse o vídeo de lá enquanto ainda desse tempo. Minha vontade era de falar: "Você se lembra de quando sua mãe dizia 'engole o choro'?". Depois que algo cai na rede, não há como voltar atrás.

Tas – Claro, porque logo alguém copia aquilo.

Cortella – É algo imortal.

Tas – Já é. Fica na nuvem.

Cortella – Você sabe que, no passado, os adversários de Sócrates – e ele tinha vários – o acusavam de estar na nuvem. Um deles, **Aristófanes**, escreveu um livro chamado *As nuvens*, exatamente para ridicularizar o pensamento socrático; até hoje, em filosofia, quem vive com a cabeça nas nuvens é chamado de nefelibata, pois *nephes*, no grego antigo, é nuvem. Hoje, 2.500 anos depois, temos a redenção de Sócrates.

Tas – Já que você falou de filhos, quero deixar registrado que amo a sala de aula e que também amo os professores. Sou filho de dois professores de escola pública. Não vejo, de forma alguma, a revolução digital como substituta de alguém ou de qualquer coisa que seja. Volto a lembrar o início do nosso bate-papo: tudo é ferramenta. O que muda é que o controle do fluxo da informação não é mais exclusividade do professor, do líder empresarial ou do jornalista e assim por diante.

Cortella – Eu tenho duas preocupações. A primeira é o enfado que a sala de aula atual pode produzir numa geração. Portanto, um cansaço. Mas eu também tenho uma segunda preocupação, que é aquele que não está na sala de aula nem tem acesso ao mundo digital. Porque nós nos referimos quase sempre a todas as belezas que essa ferramenta propicia: o acesso imediato, a capacidade de comunicação... Mas isso é absolutamente restritivo. Restritivo porque tem um custo, uma seletividade e, inclusive, um outro elemento, que é a capacidade de autonomia diante daquilo que está neste mundo maravilhoso. Costumo brincar que há pessoas que não navegam na internet; elas naufragam. Porque, para navegar, é preciso ter clareza de para onde se quer ir. O **Gilberto Dimenstein** e eu, no livro *A era da curadoria*,* conversamos um pouco sobre isso, tentando alcançar, daquilo que é o mundo contemporâneo, o que ele pode oferecer de facilitação e não de obscurecimento da presença livre do indivíduo.

Tas – Anteriormente, eu falava da necessidade dos momentos de parada e descanso. Vivemos num mundo aceso

* Campinas: Papirus, 2015. (N.E.)

o tempo todo, somos atraídos por ele e, precisamos reconhecer, tudo isso nos deixa muito excitados. Dá vontade de ficar ali navegando, mesmo que naufragando. É muito sedutor.

Cortella – Aplica-se hoje ao computador o que disse **Fernando Sabino** sobre a televisão: ele é o "chiclete dos olhos". Mesmo sem sabor, você continua ali, mascando...

Tas – Sendo que, no caso da rede, a sedução vai para um outro nível porque dela é possível participar. Já a televisão é um chiclete passivo. No mundo digital, o sujeito está mascando, sendo mascado e, ao mesmo tempo, produzindo o seu próprio chiclete. Daí a importância do descanso, pois se acredita que a formação do conhecimento acontece no modo noturno. Quer dizer, passamos o dia todo nas imagens e a noite é o momento em que elaboramos a síntese do que vivemos no dia. A coruja é um dos símbolos da sabedoria por conta disso. Momentos assim são cada vez mais raros. Precisamos de momentos de descanso, ficar num lugar mais escuro para, por irônico que pareça, encontrar a luz.

Cortella – Excitação contínua impede a fruição. Se estamos em estado contínuo de excitação, não fruímos de seu resultado. É por essa razão que um ninfomaníaco, por exemplo, não sente prazer, mas sim dependência. Também o alcoólatra não tem prazer no álcool, e sim dependência. Prazer no álcool tenho eu, que não bebo todo dia. E quando bebo, bebo com gosto. É o mesmo prazer que sinto ao beber água quando estou com sede, mas não quando sou obrigado a tomar oito copos de uma vez para fazer um ultrassom das vias urinárias. Ou seja, parte de nossa capacidade de fruição vem pelo afastamento. É o que Aristóteles, traduzindo para o latim, chamava de admirar. Admirar é olhar a distância, isto é, dar um passo atrás e parar um pouco. **Heidegger** chamava isso de *epoché*, um termo grego de suspensão momentânea. Ora, admirar significa "dou um passo atrás e fico também pensando e me pensando". Mas essa excitação continuada só é possível para as pessoas que estão vivas. E todos temos uma vida infernal: não há repouso, exceto para algumas pessoas, e é isso que torna uma parte da cidadania obscena. Os gregos davam a esse repouso o nome de ócio. E o que é o ócio? É a cessação da labuta. Os judeus chamam de *Shabat*, de onde veio "período sabático". "Sabático" não vem de "sábado". *Shabat* é o momento em que se interrompe a labuta, a atividade contínua.

Tas – E é exatamente o que fui buscar em Nova York, o meu *shabat*, o sabático.

Cortella – Mas veja que coisa mais gostosa: para os gregos, a interrupção da labuta era o momento de meditar, formar-se, de repousar o cérebro. Porque a ciência diz que, à noite, quando dormimos, tudo aquilo que compõe nossos arquivos, que estão fragmentados, é ordenado. O momento de ócio permite isso. Pois bem, "ócio" é uma expressão latina. Tem gente que está no "ócio" e tem gente que está no "não ócio", que é o "negócio". A palavra "negócio" é a ausência do ócio. Os gregos chamavam esse momento a que você se refere como repouso, Marcelo, de *scholé*, de onde vem a palavra "escola". O que é a escola? É a interrupção da atividade material, produtiva. Não devemos entender aqui "escola" como ligada ao mundo infantojuvenil. Estamos falando de gregos há 2.500 anos, isto é, da elite, da aristocracia que parava para pensar.

Tas – Parava os negócios para ir à escola.

Cortella – Sim, porque alguém, o escravo, cuidava de seus negócios. A filosofia só é possível por causa da escravatura. Alguém tem que plantar enquanto o outro pensa na origem do mundo. Alguém tem que buscar água no poço enquanto o outro está pensando de onde vem a água que existe no universo. Esse tipo de seletividade da fonte do conhecimento está ligado ao ócio e, portanto, à escola. Ócio não é vagabundagem; ócio é a capacidade de não ser obrigado a uma prática produtiva. Por exemplo, nós temos ócio. Nós podemos nos dedicar a ter tempo livre. Quando **Domenico de Masi** fala de "ócio criativo", ele usa uma expressão belíssima para apontar a necessidade de, no tempo livre, nos prepararmos para voltar à atividade. Eu gosto até mais de uma outra expressão que é "ócio recreativo", porque ela acabou se tornando uma obrigação. A pessoa no ócio vai fazer um curso de pintura, ou de fotografia. Portanto, ela vê no *hobby* uma alternativa de trabalho. O que faziam os gregos antigos, para retomar nossa matriz cultural e civilizatória? Eles tinham a *scholé*. Ora, o que fazia o adulto? Cessava qualquer prática produtiva e ia se sentar com outros para poder pensar-se e pensar o mundo. A isso se deu o nome de filosofia.

Tas – O ócio era visto como algo que ajudava os negócios e a cidadania?

Cortella – Sem dúvida, pois no ócio também se aprendiam as artes da retórica e a debater, para poder levar vantagem na praça pública, tanto que alguns que ensinavam isso por dinheiro foram chamados de "sofistas", enquanto outros, que já pertenciam de algum modo à aristocracia, eram "filósofos". O que significa o afeto pela sabedoria, que é o que define a filosofia? A capacidade de interromper a prática produtiva para dedicar-se a pensar sobre si mesmo. Nisso, porém, o ócio, representado pela *scholé*, é absolutamente restritivo. A escola, aliás, continua restritiva. Platão cria a primeira dessas escolas formais, que vai se chamar Academia porque ficava nos jardins de um sujeito que era **Academo**. E depois Aristóteles, que ficou vinte anos com Platão na Academia de Platão, funda uma também, que, como ficava ao lado do templo de **Apolo Lício**, passa a se chamar Liceu.

Portanto, Academia e Liceu são os primeiros grandes modos de organização escolar ocidental. Mas, repito, eles eram restritivos, pois a "ralé" não podia ir à *scholé*. E até hoje não pode. Quem precisa garantir a vida no dia a dia não tem como se dedicar a estudar dois anos em Nova York, nem fazer doutorado na universidade, nem escrever livro...

Tas – Será que não tem jeito de mudar isso, Cortella? Usar os momentos de descanso para o crescimento de sua própria vida ou da cidadania, da sociedade? Essa é uma questão que me incomoda bastante.

Cortella – Claro que tem. E o mundo digital permite que sejamos capazes disso.

Tas – Começamos nossa conversa, Cortella, falando da vítima. Existe uma palavra que acho péssima, mas que é muito usada... Na verdade, mais que uma palavra, eu diria que é uma nova filosofia: o "coitadismo". Alguém diz: "Ah, coitado! Esse cara não tem condições, não tem como se virar, então eu vou me virar por ele". Creio que há, no "coitadismo", uma cidadania obscena que precisamos abordar, pois observo que dele advém a tendência de algumas pessoas – inclusive pessoas ilustres, bem-intencionadas, pelas quais tenho respeito – de querer cuidar da sociedade como se ela não fosse capaz de cuidar de si mesma.

Cortella – Que é uma postura iluminista, a ideia de tutela.

Tas – Algo muito comum na era digital. Eu quero trazer um exemplo concreto, que é a recente exclusão dos comerciais nos programas infantis da TV aberta. Um grupo bem-intencionado, a princípio, conseguiu interpretar a nossa Constituição de modo que proibiu a publicidade para crianças. A boa intenção e a ideia de tutelar a sociedade se transformaram num erro que causou, simplesmente, a extinção da programação infantil na televisão aberta. Qual a forma de pensar desse grupo? "Coitadas das crianças! Estão sendo submetidas a uma propaganda consumista, vão ser enganadas por publicitários etc.". Evidentemente, concordo que certos comerciais de televisão precisam ser questionados e até banidos, como está previsto, inclusive, no Conar.* Eu sou a favor da regulação, aliás, em todos os sentidos.

Cortella – Da autorregulação...

Tas – A sociedade tem que ser regulada para manter o instinto selvagem do mercado sob controle. Só que o pessoal que conseguiu bloquear os comerciais para crianças acabou também com a programação infantil. O argumento é de que as crianças, "coitadas", não são capazes de perceber a intenção que existe no comercial. Por essa razão, só é permitida a propaganda para os pais. Veja que loucura, como se os adultos tivessem discernimento diante da publicidade! Se tomarmos qualquer propaganda de cerveja ou de carro como exemplo, veremos que o adulto cai nos contos do vigário mais baratos. O adulto é que é muitas vezes infantil, com o devido pedido de perdão às crianças. O adulto vê uma mulher andando de um lado para outro carregando uma cerveja e pede aquela cerveja no bar, porque acredita que a mulher da propaganda pode aparecer ali.

Cortella – Se ele beber muito, ela aparece...

---

* Conselho Nacional de Autorregulamentação Publicitária. (N.E.)

Tas – Você não acha que a propaganda devia ser proibida para os adultos também? Afinal, coitados dos adultos...

Cortella – Vou usar uma expressão que era de **Lênin**. Ele chamava isso de teoria da curvatura da vara. Quando pegamos uma vareta fincada num lugar e a pendemos para uma direção, no momento em que a soltamos ela vai para o outro lado, até obter um ponto de equilíbrio, que não é nem tanto ao mar nem tanto à terra. E que não é nem exposição obscena nem proibição obscena. Por exemplo, podemos dizer que o rei está nu, mas não precisamos mostrá-lo nu o tempo todo em qualquer horário de qualquer modo, fingindo que está vestido. Nesse intervalo de tempo, entre a absoluta ausência de regulamento, exceto a autorregulamentação, e as regras que se colocaram, nós temos um tempo de maturação que ainda não aconteceu. E aí vou lhe dizer o porquê. Acho que há a necessidade de regulamentar algumas formas de exposição daquilo que é enganoso. Mas ele tem que ser regulamentado e proibido porque é enganoso, não porque é para criança.

Tas – Dentro desse raciocínio, o horário eleitoral também deveria ser proibido já que é completamente enganoso.

Cortella – Seja na publicidade, seja na política, seja onde for, tudo que é enganoso, isto é, que está dirigido para o falseamento, precisa ser vedado, especialmente numa concessão pública como é o caso da televisão. Ora, a palavra "infantil" em latim significa "aquele que não pode falar por si mesmo". Sua concepção sobre os "coitadinhos", Marcelo, é a mesma que traz **Paulo Prado** em *Retrato do Brasil: Ensaio sobre a tristeza brasileira*,* quando se refere ao nosso "complexo de jaburu" – ideia que aparece em carta de **Capistrano de Abreu**: sempre esticado, meio majestoso, mas imóvel e com a cabeça debaixo da asa. Essa ideia do "coitadinho" entra um pouco na infantilização da própria criança. Acho que os grupos, como o Instituto Alana e outros que conseguiram uma discussão sobre isso, fizeram um bom trabalho de debate do que é enganoso e do que não é. No momento em que houve a vedação por completo, aquilo que era a intenção original gerou efeitos colaterais indesejáveis. Um deles é esse que você acabou de levantar.

Tas – Outro dia, fui abastecer o meu carro no posto de gasolina e o frentista, um cara de vinte e poucos anos, primeiro emprego, para quem eu sou o Professor Tibúrcio da TV Cultura, me falou o seguinte: "Eu fui criado vendo você na TV. Hoje, eu tenho um filho e ele não tem o que ver na televisão. Eu não tenho dinheiro para pagar uma televisão por assinatura".

Cortella – Acredito que esse efeito colateral é indesejado inclusive pelos grupos que atuam nessa direção. Mas há coisas que, de fato, são uma exposição despudorada. Exemplo banal:

---

* São Paulo: Companhia das Letras, 10ª ed., 2012.

eu era secretário de Educação na capital paulista e havia ausência de carteiras para todas as crianças sentarem. Isto é, não havia equipamento suficiente para todas as crianças e o que existia era muito velho. O poder público – no caso, nós – não contava com recursos suficientes para resolver o problema prontamente. E eu fui procurado como secretário por uma rede de *fast-food* que se dispôs a prover de forma imediata dez mil carteiras escolares para sala de aula. A contraparte seria colocar no tampo das carteiras a marca da rede e as fotos dos sanduíches que vendia. Havia, ali, uma questão concreta: ou essas crianças tinham carteiras para estudar ou elas sentavam no chão. Não podia deixá-las fora da escola por causa disso. No entanto, expor uma criança no Jardim Robru ou em Parada de Taipas, com fome ou com apetite naquele momento, àquela propaganda – que, aliás, é enganosa em relação ao formato e ao sabor do lanche – seria de uma crueldade brutal. Portanto, o que penso sobre isso é o seguinte: muitas pessoas querem tutelar a sociedade. E tutelar significa que o outro não é capaz de decidir por si mesmo, razão pela qual é necessário ajudá-lo. Isso é má democracia. Por outro lado, há grupos que estão alertas em relação àquilo que é crueldade. Acho que algumas propagandas de carro, por exemplo, são cruéis em relação, primeiramente, à impossibilidade de muitos terem acesso a ele. É um despudor anunciar um veículo que custe "apenas" R$ 99.999,00. Na verdade, já é uma ofensa não dizer logo que custa R$ 100.000,00 em vez de criar uma armadilha mental. Em segundo lugar, é um produto de R$ 100.000,00 posto como objeto de felicidade. E, em terceiro lugar, colocar na propaganda um menino que só aceita que o pai vá buscá-lo na escola se for com aquele carro, do contrário prefere que o pai o pegue na esquina, para não pagar mico, é cruel. No entanto, a tutela, supondo que todos são "coitadinhos", é uma perspectiva iluminista.

Tas – Sabe o que me incomoda muito nisso tudo? É você dizer que os pais não são capazes de educar seus filhos.

Cortella – E são?

Tas – Eu creio que é tarefa deles, não do Estado. Quando alguém resolve tomar uma decisão pelos pais, como se eles não fossem capazes de provocar os filhos a terem discernimento, está assumindo a tutela dessas crianças. Isso é muito perigoso, porque esses são os valores apenas de um grupo, mas com força política.

Cortella – Temos uma verdade que é muito concreta e que você conhece bem: o número de crianças que pode conviver com os pais é muito limitado. Se pensarmos, por exemplo, nas famílias em que os pais saem de casa às cinco da manhã para trabalhar e voltam só à noite, a possibilidade de que se tenha ócio criativo ou momentos de reflexão e conversa é muito reduzida. Isso significa que há toda uma população infantil ou infantojuvenil que fica desprotegida nisso que você coloca, Marcelo, como uma tarefa familiar. A função primária é da família e, de forma secundária, do poder público. A tutela do Estado vem substituindo pouco a pouco essas lacunas. Cidades imensas em que passamos horas no trânsito em vez de estarmos com a família, o próprio distanciamento dos centros de atividade produtiva, tudo isso impacta numa coisa que vou dizer, que é absolutamente desagradável para todos nós. Por exemplo, parte da libertação feminina na elite e na classe média se deu à custa de que outra mulher ficasse aprisionada em uma casa que não a dela mesma, longe dos filhos. Só é possível ir para o mercado de trabalho se alguém deixar os próprios filhos para cuidar dos filhos e da casa de outra pessoa. Por que estou impactando a conversa nessa direção? Porque, sem dúvida, educar os filhos é tarefa da família. Mas quanto essa família se encontra com eles?

Tas – Ora, hoje, a família talvez se encontre menos com os filhos que antigamente, quando não havia tantos problemas de trânsito. Mas os encontros continuam e são muito importantes. A importância da família, mesmo com todas as dificuldades, não pode ser subvalorizada. A mão pesada da tutela do Estado vai contra tudo aquilo em que eu acredito.

Cortella – Por isso se chama Conselho Tutelar.

Tas – Quando empurramos as coisas para as mãos do Estado, caminhamos numa irresponsabilidade muito perigosa. Aposto que muitos que participam desses conselhos e decisões, criando leis inclusive, vão para casa felizes acreditando ter resolvido os problemas. Só que não resolveram. Pelo contrário, vários problemas foram criados assim.

Tas – Existe no "coitadismo" um certo conforto... Vou cutucar outro exemplo, para não ficar só no caso da TV infantil. Muitas vezes, os comediantes se colocam na posição de "coitados" quando são acusados de fazer piadas ofensivas. Dizem que estão sendo censurados, não aceitam receber críticas. O que é um paradoxo, porque o comediante tem como profissão criticar, apontar o torto, apontar o tombo. E ele está absolutamente certo nisso. Mas quem disse que comediante não pode ser criticado? Muitas vezes, os comediantes se portam como coitadinhos que devem ser colocados numa redoma blindada, à prova de críticas. Eu entrei nesse debate com alguns colegas comediantes, porque eles parecem querer uma espécie de imunidade parlamentar, como os deputados. Mas ninguém deve estar imune a nada.

Cortella – A ministra **Cármen Lúcia** disse que imunidade não se confunde com impunidade. No caso do comediante, ele tem a liberdade de dizer o que pensa, mas isso não significa que possua a capacidade de não ser punido, de não precisar assumir a responsabilidade pelo que fez. Quando alguém se coloca na posição de vítima, essa é uma postura absolutamente confortável na medida mesma em que ele pode ficar na ausência de ação. Quando queremos falar do próprio sofrimento, usamos o plural majestático: "Porque nós padecemos". Mas quando queremos acusar, são “eles”: “É o governo que não deixa, são eles que não querem”... A expressão é sempre genérica. Portanto, a primeira pessoa do plural serve para o sofrido e a terceira pessoa do plural, para o vitimizador. É muito comum isso no campo, especialmente, da convivência. O indivíduo se coloca numa posição na qual não precisa agir, basta que ele indique que é sujeito de direitos. Essa, aliás, é uma concepção que nossa Constituição acaba favorecendo. Supomos que somos apenas sujeitos de direitos e não agentes de deveres. E colocar-se na postura de quem é apenas credor, para alguns, é um escudo muito bem montado. Há pessoas que acreditam ser credoras universais, como se todos devessem a ela. Como se ela já nascesse com um crédito imenso que devemos pagar.

Tas – Um tema muito delicado nesse sentido é o racismo. É óbvio que há uma dívida histórica imensa com a raça negra no Brasil. Todos temos a obrigação de reconhecer o fato e nos posicionar absolutamente contra qualquer forma de discriminação, contra a perseguição criminosa de negros em razão da cor da pele. Mas quando, por exemplo, um grupo composto por negros quer proibir professores de usarem a palavra “esclarecer”, aí precisamos parar e debater o que está acontecendo. Porque, senão, a vitimização começa a contribuir para o reforço da ignorância.

Cortella – A palavra “denegrir”, sim, tem origem racista. Mas ela não tem como contraponto “esclarecer”. “Denegrir” é fazer coisa de negro, ao passo que "esclarecer" é colocar na luz. Portanto, são verbos que não possuem a mesma conotação. Eu devo e posso evitar usar o termo "denegrir", mas também, conforme dizia **Hegel**, para não prejudicar a causa é preciso recusar reações hiperbólicas, exageradas.

Tas – Que é o politicamente correto.

Cortella – Que é um vício em relação a algumas situações.

Tas – Que é um tipo de cidadania obscena. É a pessoa achar que, ao tentar proibir o uso da palavra "esclarecer" dentro da escola, está lutando contra o racismo. Não está. Está apenas confundindo o discernimento.

Cortella – Existe um processo histórico nisso que é muito curioso. Há 30 anos, passamos a não mais nos referirmos às pessoas cegas dessa forma, e sim como "deficientes visuais". Mas, hoje, a comunidade de pessoas que são cegas não aceita essa expressão, elas querem ser chamadas de cegas. Digo isso porque, outro dia, eu estava num evento onde havia cegos e me referi a eles como deficientes visuais. Um deles levantou a mão e me disse: "Professor, o senhor é deficiente visual. Eu sou cego. O senhor tem dificuldade de visão. Eu não enxergo, é outra coisa". O mesmo ocorre com a favela, que agora é comunidade. Mas, na origem, quando termina a Guerra de Canudos, e porque ali havia o Morro da Favela, os soldados que retornam para a capital Rio de Janeiro e vão viver em aglomerados pobres os chamam de favelas – e favela não era uma palavra ofensiva.

Tas – Era uma flor, não?

Cortella – Sim, era uma árvore, uma planta. Era outro sentido. Outro exemplo: nós usamos a palavra *gay* e recusamos o termo "bicha", assim como "veado" também adquiriu uma conotação negativa. Mas a própria comunidade homossexual utiliza expressões que eu teria dificuldade de usar para me referir a outra pessoa ou quando tivesse a mesma identidade, como quando falam "biba".

Tas – Lembro agora de um exemplo que vai um pouco no sentido oposto disso tudo. Existe um *plugin*[*] que troca nos navegadores da internet a palavra "refugiado" por "ser humano", sempre que houver notícias como: "Mais de dez mil refugiados morreram no mar Mediterrâneo desde 2014".[**] Com esse *plugin*, ao acessar uma reportagem sobre o assunto, a gente vai ler: "Mais de dez mil seres humanos morreram no mar Mediterrâneo desde 2014". Eu mesmo só tomei consciência da dimensão da tragédia quando a li a notícia com a palavra substituída. Isso mostra o quanto o uso de algumas palavras

---

* O *download* está disponível no *site* humansnotrefugees.com. (N.E.)

** Segundo dados da ONU. (N.E.)

vai anestesiando a nossa indignação ou a nossa consciência dos problemas.

Cortella – Vai esvaziando o sentido.

Tas – Repare que, quando lemos "Mais de dez mil refugiados morreram no Mediterrâneo", tendemos a aceitar a tragédia humana como algo normal. Veja esse outro exemplo: "Conheça os dez maiores campos de concentração de refugiados do mundo". Quando a palavra "refugiado" é trocada para: "Conheça os dez maiores campos de concentração de *seres humanos* do mundo", imediatamente temos vontade de questionar: ué, ainda existem campos de concentração? Mas quando lemos "refugiados", aceitamos mais facilmente essa condição, como se eles não fossem seres humanos. Não é maluco isso? É preciso cultivar o discernimento para não se deixar anestesiar por algumas palavras usadas em excesso no noticiário.

Cortella – Participei certa vez de uma banca de doutorado defendida por um rapaz de Salvador, afrodescendente. A tese era sobre a banda Olodum. Em dado momento, ele disse: "Porque os escravos trazidos da África...". Um dos examinadores que estava comigo era o **Kabengele Munanga**, um grande professor de Estudos Africanos na USP, nascido no Congo, que fez a seguinte observação: "Não havia escravo trazido da África. Eu, como africano, quero lembrar primeiramente que a África não é um país, e sim um continente. Portanto, ela não se dilui numa palavra. Em segundo lugar, o que existia lá eram seres humanos escravizados". De fato, quando falamos em "escravos", parece que há uma plantação deles.

Tas – Aceitamos a escravidão como uma espécie de profissão!

Cortella – Ora, esse sequestro semântico, esse tipo de retirada ou esvaziamento de sentido, é algo muito forte. Acredito que um dos contributos que a tecnologia pode trazer é nos produzir espanto, como faz essa ferramenta que você citou. Esse é um uso muito bom da tecnologia.

Tas – Seria muito saudável usarmos esse *software* para trocar outras palavras, como *gay*, por exemplo. Quando houve aquele ataque à boate em Orlando, nos Estados Unidos, reparei na insistência com que a mídia tratou como um atentado a uma boate *gay*. Antes de tudo, era uma boate com *seres humanos* se divertindo. Não havia apenas *gays* na balada. Aliás, uma família inteira festejando um aniversário foi vítima da mesma violência.

Cortella – O mesmo aconteceu quando surgiu o HIV.

Tas – O Luba, um dos *youtubers* prediletos da minha filha Clarice e de quem já falei antes, é *gay* e fala de uma forma linda sobre isso. A palavra *gay* é ainda muito vinculada ao HIV mas, nos dias de hoje, a maior parte dos portadores desse vírus é heterossexual. Ou seja, há uma deformação da realidade. A realidade é deformada por preconceitos embutidos em palavras que a gente lê, curte, replica e espalha. Como uma doença mesmo!

Cortella – É algo viral, literalmente.

Tas – Uma outra deformação da realidade é o efeito filtro do Instagram, já reparou? Lá todo mundo é lindo, sorridente e vive na praia tomando sorvete. A vida no Instagram é só a parte da vida que deu certo, digamos assim. Lá, a tristeza não existe. Tive uma experiência maluca com essa rede social no dia do funeral da minha tia Neguinha, lá em Ituverava, interior de São Paulo. Ela era a última de uma geração da família que estava indo embora... Caía uma chuvinha fina naquela manhã, quando a tia Neguinha era sepultada ao lado da querida Vó Geralda, irmã com quem ela compartilhou toda a vida. Era uma imagem tão linda, os guarda-chuvas, as flores, as pessoas em silêncio em volta pelas alamedas do cemitério. Aí, tirei uma foto e resolvi compartilhar aquele momento de luto importante da minha vida. Cortella, você não faz ideia do que vivi. Fui massacrado, as pessoas não aceitavam aquela imagem de dor e perda.

Cortella – Como se você tivesse sido obsceno...

Tas – Como se eu tivesse sido obsceno de falar para elas: "Existe a morte". Como se eu as tivesse tirado de um transe!

Teve gente que viu coisas que nem estão na foto. "Como você publica o rosto de um cadáver?", perguntaram. Fui até conferir novamente a foto publicada. Quem sabe não seria eu, o insano, na hora da publicação? Mas, nada. Nem se via o caixão. A foto mostrava apenas flores, gente em silêncio, chuva, enfim, coisas que simbolizam aquilo que todos nós um dia vamos experimentar: o dia do adeus. Só que os comentaristas raivosos pareciam viver dentro de uma blindagem *photoshopada* onde o mundo é só delícia. Um sorvete ao cair da tarde.

Cortella – É estupefaciente.

Tas – Aí o meu *post* lembrava que existe a morte. Mas as pessoas não querem saber disso.

Cortella – No mundo de poeta não tem pernilongo... Acho que é um impacto mesmo de algo que é uma realidade forjada. É um simulacro. O **Contardo Calligaris** fala isso em relação a uma parte dos jovens de hoje. Alguns vivem como se fossem adultos em férias, o que é muito perigoso. Converso sobre isso com o Yves de la Taille no livro que fizemos juntos e que já mencionei aqui. Eles passeiam, vão ao restaurante, viajam... só que não trabalham.

Tas – E não morrem...

Cortella – A própria ciência quer excluir, banir a morte. Toda a nossa estrutura tecnológica hoje é para tentar impedir que a morte venha. Acho, inclusive, que o **Spielberg** conseguiu o melhor efeito plástico para isso no filme *E.T.* Quando os cientistas chegam para pegar o E.T. é horroroso.

Tas – Ele fica desesperado.

Cortella – E é desesperador para todo mundo. São tubos, máscaras, tendas... Por isso, a ideia de sua tia Neguinha partindo suave no leito, é como se você quisesse desnaturalizar a vida.

Tas – Para algumas pessoas, essa visão é insuportável.

Cortella – Esse é um efeito deletério do virtual, desnaturalizar a vida. Transformar excessivamente átomos em *bits* pode desnaturalizar um pouco a vida, isto é, tirar o que ela tem de completude. Quando, no mês de maio de 2016, o WhastApp ficou fora do ar durante 24 horas, todas as piadas feitas na época eram verdadeiras: pessoas perceberam que o irmão tinha crescido, outras notaram que existia chuva, ou que era preciso abastecer a geladeira...

Tas – Que elas estavam casadas...

Cortella – Exatamente. Às vezes, esse tipo de desconexão é necessário para que se perceba o que está à volta.

Tas – O psicólogo **Walter Mischel** fala da tentação do imediato no mundo atual. Diz que é algo ligado aos sentimentos quentes, aos antigos reflexos de defesa e reprodução. Mischel contrapõe essa impetuosidade à atividade do nosso córtex pré-frontal, responsável pela ponderação, pela criatividade e pela análise. Isso tem muito a ver com o que já falamos aqui: da importância do tempo da observação e do distanciamento das coisas. É dele o teste do *marshmallow*, no qual a criança que concorda em não comer imediatamente o doce, assim que o recebe, ganha um outro extra como recompensa pelo esforço minutos depois. Nos dias atuais, estamos todos pressionados no limite para entender as armadilhas do imediatismo. É uma tarefa tão árdua e importante cultivar a ponderação nos dias velozes e plenos de ofertas fáceis que vivemos! Afinal, também precisamos continuar reagindo instintivamente aos estímulos para sobrevivermos, não é? Mas há um trabalho imenso em cuidar do mundo sensível, em aceitar e conviver com coisas sujas, humanas, que dão errado, para não sermos condenados a viver na ilusão do mundo limpinho do Instagram. A principal armadilha sedutora que o Instagram trouxe para o dia a dia de milhões de pessoas é a coleção de filtros que ele oferece para retirar as imperfeições da imagem. Ninguém é tão bonito quanto parece no Instagram. Isso causou uma turbulência nos encontros do mundo real. O cara ou a menina combina de sair com uma pessoa e acaba se encontrando com outra.

Cortella – E sempre será assim, independentemente do Instagram. Ele só maximiza tudo isso.

Tas – Uso o Instagram apenas como exemplo da obsessão maluca que temos hoje de controlar nossa própria imagem.

Cortella – Que é uma obsessão plástica da intervenção imediata.

Tas – Em oposição ao mundo *photoshopado* das redes sociais, quando a realidade é colocada sem filtro, ela causa espanto. Isso acontece com algumas letras de *funk* que, por serem explícitas, algumas vezes são associadas injustamente à violência, ao estupro... Mas querer proibir o *funk* para acabar com o estupro é como tentar solucionar o problema da segurança pública na cidade de São Paulo com a blindagem dos automóveis.

Cortella – O caipira costuma dizer que se põe fogo na casa para assar melhor o leitão. E é interessante isso porque a elite dificilmente consegue enxergar o problema, a menos que seja impactada por ele. O assalto, por exemplo, é cotidiano em toda a cidade, em todos os lugares. Mas ele repercute, obviamente, quando acontece num bairro como Higienópolis, em São Paulo, que é extremamente protegido. Em outros bairros, é como se o problema não existisse.

Tas – É o tipo de elite que acorda quando "gente diferenciada" vai a Higienópolis fazer manifestação para pedir metrô...

Cortella – Já pensou se toda vez que aparecesse "gente diferenciada" o computador trocasse para "seres humanos"?

Mas voltando ao *funk*, ele já foi acusado de várias coisas. Antes, o vilão era o *rap*.

Tas – E, antes dele ainda, o samba. Aliás, alguns sambas estão sendo caçados agora pelo politicamente correto. Sambas do **Cartola**, inclusive...

Cortella – Já imaginou hoje a **Elis Regina** cantando "Nega do cabelo duro, qual é o pente que te penteia"? Sempre haverá esse confronto entre história e momento presente. Outro exemplo: alguns devem lembrar que havia no cinema, antes de começar o filme, um noticiário chamado Canal 100, que só cobria futebol. Pela primeira vez, via-se numa tela imensa de cinema a câmera lenta. Era belíssimo ver um jogo, um jogador em câmera lenta. E algo que o Canal 100 fazia era mostrar o rosto do torcedor, da geral, sem filtro.

Tas – Os caras desdentados, suados, xingando...

Cortella – Aquilo era de uma plasticidade maravilhosa. Hoje, quando a torcida é mostrada, só aparece o pessoal arrumado, a menina bonita...

Tas – É o efeito do filtro do Instagram...

Cortella – Nos programas de auditório na TV – você sabe porque faz e eu também –, as primeiras três filas são sempre filtradas.

Cortella – Você levantou anteriormente um ponto muito interessante, Marcelo, que é a natureza formativa da mídia para a infância, que reduziu muito a sua capacidade de sê-lo por intermédio da televisão. Mas, durante décadas, o grande pedagogo do Brasil foi a televisão. É claro que a TV, como toda instituição social, é contraditória. A mesma TV que é formadora de opinião, que edita debates e exibe anúncios também foi responsável por extinguir no Brasil a poliomielite. Se não fosse a **Xuxa** dizendo para as crianças tomarem a gotinha no sábado, com todo o impacto que ela tinha como autoridade de comunicação em meio ao público infantil, não teríamos recebido o certificado de extinção da poliomielite em 1994. Portanto, aquilo que é a negação da publicidade, à medida que ela pode ser cruelmente deformadora, acaba cumprindo também o papel de impedir o financiamento de programações que possam ser mais inteligentes, como fazem as TVs educativas, só que com menos recursos. Eu me lembro que, anos atrás, o **André Mantovani** criou na MTV algo genial para os jovens. De repente, interrompia-se a programação e um *slide* era exibido na tela por cinco minutos, com a seguinte frase: "Vá ler um livro". Ora, "vá ler um livro". Hoje, a Pátria Educadora tem como sua audiência máxima na TV *reality shows* cujos participantes estão ali para transar embaixo de coberta, tomar banho pelados e se fantasiar em festas, mas não para ler.

Tas – Esse papo me fez lembrar de uma campanha publicitária contra as armas nos Estados Unidos. Ela mostra duas crianças: uma segura um livro, a outra, uma metralhadora AR-15. Aí vem a pergunta: "Uma dessas crianças está segurando um objeto que foi banido nos Estados Unidos. Qual deles você acha que foi?".

Cortella – O livro, claro.

Tas – O livro era *Chapeuzinho Vermelho*. Ele foi banido porque, na história, dentro da cesta que a Chapeuzinho levava para sua avozinha, havia uma garrafa de vinho, algo que a sociedade americana julga ser nocivo à saúde mental das crianças.

Cortella – *As aventuras de Tom Sawyer* foi proibido por ter uma personagem negra.

Tas – Já a AR-15 é absolutamente permitida. O papai pode ter uma dentro de casa, sem problema.

Cortella – Então, isso não é obsceno?

Tas – Totalmente obsceno.

Cortella – O obsceno nessa história é imaginarmos que, sendo uma democracia, tudo é permitido. Não! A democracia não é a ausência de regras; ela é a ausência de opressão. Só que a opressão não é feita só por outro ser humano, mas também o é pelas circunstâncias. A pessoa é oprimida pela ausência de moradia saudável, pela ausência de escolaridade, pela ausência de repartição daquilo que é produção coletiva... Aí, volto à temática em relação ao mundo magnífico que temos da tecnologia hoje: aquele frentista do posto de gasolina, da história que você contou, que não tem condições de pagar televisão por assinatura, pode fazer o chamado "gato"... Alguém talvez diga: "É imoral fazer gato". De fato, uma coisa horrorosa não torna outra menos horrorosa porque ela tenta superar o horror. Mas essa mesma população tem alternativas que acho magníficas, desde que decentes. Por exemplo, antes do aparecimento dos celulares que podem admitir duas ou três operadoras, a população economicamente mais pobre trocava o *chip* para conseguir ligações gratuitas ou mais baratas. A burguesia não pensa nisso nem de longe. Não porque é decente, mas porque não precisa ser criativa.

Tas – Porque ela não tem a necessidade de "correr atrás", como se diz. Por isso, volto a dizer: uma das formas de a cidadania se apresentar como obscena é quando ela quer tutelar o cidadão, julgando-o incapaz de resolver seus próprios problemas. Eu viajo muito por aí e sou uma testemunha de que brasileiros e brasileiras são criativos e capazes de correr atrás dos seus problemas. Aliás, neste sentido, a nossa Constituição é o oposto da Constituição americana – e estou longe de querer ficar elogiando os Estados Unidos ou achar que a gente deva segui-los como exemplo, mas já que copiamos o pior deles, devíamos copiar também o melhor. O que considero fascinante na Constituição americana é o ponto de vista: ela diz o que o Estado *não* pode fazer com o cidadão. Ela protege o cidadão do Estado. Já a nossa Constituição é praticamente uma lista de privilégios do cidadão – que, na verdade, não são privilégios coisa nenhuma, porque a Pátria Educadora não é educadora. Ela lista um monte de coisas que o Estado é obrigado a dar para o cidadão, só que não, né? Fica só no papel. Nesse sentido, a nossa Constituição é obscena.

Cortella – Então, nós temos uma distinção necessária nesse polo, que é até de linguagem. Sempre que posso, chamo a atenção para o fato de que nós nos chamamos e somos chamados por parte do aparelho do Estado de contribuintes. Mas nós não somos contribuintes. Ser contribuinte é uma atividade voluntária, e o imposto é imposto porque ele é imposto. Já um americano chama a si mesmo de *taxpayer*, isto é, um financiador. Portanto, há uma diferença radical em alguém se colocar como aquele que financia, que contribui. Nesse sentido, a democracia norte-americana é inspiradora, pois ela entende o cidadão como um indivíduo livre que decide por si mesmo, portanto o poder público, no caso o aparelho do Estado, tem que atrapalhar o mínimo possível. Por outro lado, essa mesma Constituição admite que cada pessoa tenha seis armas para se defender da opressão do outro e do Estado. Essa mesma Constituição favorece a política belicista.

Tas – Essa é uma discussão atual por lá.

Cortella – E tem de sê-lo. A Constituição americana admite a prática belicista histórica de uma nação que, em vários momentos, interveio em nome da liberdade na liberdade de outros povos.

Tas – Ao evitar a guerra, faz a guerra...

Cortella – Escorraçados, os americanos saíram do Vietnã em 1976 porque lhes faltava algo que os vietnamitas tinham: razão. Por que estou dizendo isso? Porque não podemos perder as inspirações que a democracia nos coloca em vários lugares. Eu gosto de uma perspectiva que o Estado britânico tinha, e ainda tem, que é uma interveniência que estamos discutindo agora no estado de São Paulo por conta do uso do *crack*. Isto é, debate-se, na capital paulista, se o poder público pode internar à força alguém que está em absoluta dependência da droga. É a liberdade do indivíduo ou é parte da cidadania dar a ele proteção quando não tem mais capacidade de decisão? E quando alguém não tem mais capacidade de decisão? "Ah, mas ele está privado da liberdade dele de raciocínio..." Na Inglaterra, se uma família aluga um apartamento, a assistente social vai lá conferir se cabe todo mundo. Se julgar que não é salubre duas ou três pessoas dividirem um mesmo quarto, o poder público financia o aluguel de um apartamento maior. De onde vem esse dinheiro? Do conjunto dos cidadãos. O debate entre eles é por que é necessário financiar um casal que teve três filhos, por exemplo, em vez de fazer planejamento familiar. Esse movimento alterna a tutela com a responsabilidade do Estado. É difícil lidar nesse polo, porque, em nome da absoluta autonomia do indivíduo, podemos chegar ao escândalo. E o contrário também.

Tas – Definitivamente, não há fórmula.

Cortella – Ainda.

Tas – Lembro aqui de uma situação engraçada que aconteceu comigo na Inglaterra quando fiquei hospedado na casa de um inglês. Ele estava fora do país e me emprestou a casa dele por uma temporada em Londres. Na primeira semana, fui até o chaveiro da esquina fazer uma cópia da chave da casa. Pedi: "Quero duas cópias". Ele respondeu: "Não posso fazer". Perguntei o porquê e ele disse: "Está escrito aí". Realmente, em letras pequenininhas, estava escrito na própria chave que a rainha não permitia cópias daquela chave.

Cortella – E havia alguma razão para isso?

Tas – A razão é essa que você apontou: na Inglaterra, há um controle do uso dos equipamentos privados, até mesmo de uma chave, ou de um aparelho de televisão, por exemplo. Lá, quando alguém compra um televisor, recebe pelo correio uma conta que deve pagar para a BBC* por ter adquirido o aparelho. Com esse recurso, os ingleses fazem a melhor televisão do mundo. É um sistema que eles inventaram e que, aparentemente, funciona. É o conceito de televisão pública, que não é ligada nem ao Estado nem ao mercado – algo em que nós, aqui no Brasil, estamos ainda engatinhando. Aliás, esse debate está voltando agora com a tentativa de desmonte da EBC,** que não é TV pública, é bom que se diga. Quando a TV Brasil, o principal veículo da EBC, foi criada em 2007, no primeiro mandato de **Lula**, ele vendeu a ideia de que seria uma espécie de BBC, mas na verdade fez um canal para atender a seus próprios interesses.

Cortella – Há uma diferença entre público e estatal.

Tas – Exatamente.

Cortella – O mundo digital consegue diluir essas questões, o que é público e o que é estatal. Porque o estatal é aquilo que é privado, propriedade do próprio Estado. Público é aquilo que está à disposição do conjunto. E daí surge um ponto

---

* British Broadcasting Corporation, emissora pública de rádio e televisão do Reino Unido. (N.E.)

** Empresa Brasil de Comunicação. (N.E.)

que agrava a nossa reflexão, pois os países que têm o maior nível de cidadania no sentido de igualdade social são os que têm o maior nível de tutela sobre os cidadãos.

Tas – Quais?

Cortella – Por exemplo, os países nórdicos. Na Suécia, até há pouco tempo, a programação na TV começava a ser exibida às 17 horas. A internet acabou com essa ideia sueca, mas a lógica era a seguinte: a TV começava a funcionar às 17 horas com programas infantis que iam até as 19 horas.

Tas – A Suécia faz uma das melhores TVs para criança do mundo.

Cortella – Das 19 às 20 horas eram exibidos programas para a família, porque, nesse horário, o pai já havia chegado em casa do trabalho e podia ver televisão com os filhos. Das 20 às 21 horas, era a vez do noticiário. Das 21 às 23 horas, filme. E das 23 às 24 horas, tinha programa de debate, entrevista etc. para adultos. Às 24 horas a programação era interrompida.

Tas – E todo mundo ia dormir...

Cortella – Sim, pois era necessário trabalhar no dia seguinte. Por que a TV não tinha programação durante o dia? Porque criança tem que estar na escola. E quem fica em casa? Quem fica em casa tem que ler. Isso é uma intervenção do Estado.

Tas – Total. Mas esse mundo acabou, não existe mais.

Cortella – Sim. A internet estilhaçou essa ideia.

Tas – Esse mundo não existe mais, e ficou para nós a tarefa de reinventar o mundo caótico e complexo em que vivemos. Gosto muito desse desafio. Não devemos ficar chorando sobre o leite derramado... Talvez, um bom começo seja reconhecer, e isso não é fácil, que este mundo já se desconstruiu. Estou falando, inclusive, da indústria em que trabalho, a televisão. Há uma enorme dificuldade de admitir que, a essa televisão que estamos tentando salvar, as crianças já não assistem mais. Essa é a verdade. As crianças assistem a uma outra coisa que elas nem chamam de televisão.

Cortella – Elas assistem a conteúdos que, antes, eram da televisão em outras telas.

Tas – As crianças nem usam mais palavras como "televisão" ou "computador". Elas falam das histórias que estão vendo, vivendo e até criando. Acho fascinante o antigo consumidor de televisão ser agora um criador de narrativas.

Cortella – É interessante porque, enquanto você falava, eu me lembrava que as TVs educativas durante muito tempo tinham – e algumas ainda têm – programas que ensinavam a fazer objetos com sucata. Isso tinha um impacto nas redes de escolas das periferias sociais por uma razão: não existe sucata ali. Aquilo é meio de vida. A sucata serve para pagar o almoço.

Tas – Sucata tem valor.

Cortella – Sim. É preciso, primeiramente, ter acesso a um produto para que a embalagem vire sucata. E tudo aquilo que se entende como descartável não o é para boa parte da população. O Brasil é o país que mais recicla alumínio, e isso por necessidade. A intenção de quem cria esses programas fica, portanto, limitada pela condição da realidade em si. Mas não é só a TV que precisa se reinventar. Esse desnudamento daquilo que é a realidade em si mostra o quanto temos que alterar também os conteúdos, seja na plataforma que for.

Tas – Existe um nó dramático que precisamos desatar, o paradoxo do mundo digital que conecta bilhões: o de que o centro da revolução é o indivíduo. Nisso, entende-se que todos são capazes de fazer crítica, de falar que sou careca...

Cortella – De mim, dizem que sou um barbudo, "petista", inspirado em **Fidel Castro** ou **Che Guevara**...

Tas – O que quero dizer é o seguinte: a palavra-chave da revolução digital é compartilhamento, portanto, o oposto da individualidade. É essa equação que precisamos *hackear*, Cortella: transformar individualidade em cidadania. Muita gente faz isso, usa a rede para compartilhar, para construir projetos muitas vezes financiados pelo público...

Cortella – A ideia de *coworking** hoje é fortíssima.

Tas – Sim, existem vários caminhos. O que não podemos é ter medo da complexidade da tarefa que está diante de nós.

Cortella – Quando ocupei o cargo de secretário de Educação na cidade de São Paulo no início dos anos 1990,

* Espaço de trabalho compartilhado. (N.E.)

havia uma questão séria de gestão pública que era a seguinte: o dinheiro público, ao ser direcionado, por exemplo, à reforma de uma escola, poderia ser desperdiçado. Para que isso não acontecesse, alguém tinha que fazer a fiscalização, o acompanhamento. Mas, muitas vezes, o próprio aparelho do Estado era corrupto em relação a essa fiscalização. Somente quando havia o controle da comunidade o desperdício de recursos era evitado. Isto é, quando naquela escola uma comissão de pais se encarregava de checar se o *start* das luminárias era mesmo original; se a fiação utilizada dentro da estrutura elétrica tinha a dimensão adquirida no meu descritivo ou se o vendedor havia nos enganado – porque é muito usual acontecer isso. E por que funcionava bem dessa forma? Porque os próprios pais dos alunos eram pedreiros, mestres de obras, eletricistas, portanto, eles entendiam daquilo que estavam supervisionando. Imagine se, naquele momento, eles tivessem o acompanhamento que o mundo digital possibilita hoje daquilo que é um *site* de transparência, em que se possa estar, no dia a dia, fiscalizando como comunidade tudo o que é feito, que é o nosso ideal em relação a recursos públicos! Isso é a elevação de nossa condição de cidadania.

Tas – Aconteceu recentemente algo que vai nessa direção: as ocupações dos secundaristas nas escolas do Brasil. Claro, houve vários excessos aqui e ali...

Cortella – É a teoria da curvatura da vara de novo...

Tas – Sim, apesar dos excessos, esses fatos mostram jovens ocupando algo que julgam ser deles. E que de fato é. Pais também participam das ocupações, porque se preocupam com a segurança dos filhos, até por medo da violência policial. E aí, acontece o quê? Os pais acabam se aproximando da escola e percebem que elas estão aos frangalhos, que o teto pode desabar sobre a cabeça dos alunos. Numa escola do Rio de Janeiro, por exemplo, onde faltavam carteiras, foi descoberto um depósito lotado de mesas novinhas acumulando poeira. Isso só aconteceu porque os estudantes ocuparam a escola, abriram um lugar onde eles nunca haviam entrado. Com a internet, os alunos se articulam de uma forma inédita. Quando o poder se dá conta, eles já estão lá dentro, "já é". Enquanto o Estado e a polícia, que são analógicos, ficam analisando a situação, os estudantes ocupam e, aí, "já é". Eles já estão dentro da escola e sabem que, para serem retirados, é necessário um mandado. Há um vídeo na internet que mostra um garoto de pouco mais de dez anos com o dedo na cara de um policial perguntando: "Cadê o mandado para você entrar aqui na minha escola?".

Cortella – Você sabe que aconteceu uma coisa curiosa no Rio de Janeiro. Numa dessas ocupações, alguns pais queriam que a escola voltasse a funcionar. E eles montaram um grupo no WhatsApp convocando a desocupação para que seus filhos pudessem ter aula. Sem que houvesse a necessidade da intervenção do Estado ou de algum mandado judicial, os próprios pais foram até a escola e tiraram os alunos que ali estavam: "Nós estamos ocupando agora para que nossos filhos possam ter aula". O aparato policial hoje também utiliza as redes como ferramenta, não apenas para se organizar de forma mais eficiente, para supervisionar, mas para acompanhar com inteligência, o que pode evitar brutalidade ao ordenar melhor a proteção de manifestantes e oponentes. Já se coloca a hipótese, por exemplo, em relação a algumas boates nos Estados Unidos, de se ter um sistema de comunicação imediata que avise caso uma pessoa esteja com qualquer tipo de arma. Pouco tempo atrás, um copiloto alemão se trancou sozinho na cabine de comando de um avião e decidiu liquidar todos os passageiros, para que ele mesmo morresse. Não havia como abrir a porta da cabine do lado de fora, e isso levou a uma discussão para pensar em novas possibilidades a fim de evitar casos semelhantes. Como se diz lá em Ituverava, é no sacolejo da carroça que as abóboras vão se ajeitando. Isso não significa, acho, uma visão evolucionista de que as coisas vão acontecer de qualquer modo, então não é preciso fazer nada. Penso que elas vão acontecer se nós fizermos com que aconteçam. E isso exige um ponto de partida nosso: De quem são as responsabilidades? Quem são as vítimas? Quem são os autores? E exige também uma capacidade que tenho como sonho: que a internet seja uma grande ágora de diálogo. Não de confronto, mas de conflito. Porque o conflito é a divergência em que se busca o consenso. Já o confronto é a tentativa de anular a outra pessoa. Por isso, continuo acreditando que o diálogo não é suficiente por si mesmo, mas é essencial para recusar o que pode, mas não deve, ser obsceno em nossa cidadania.

Tas – Eu aprecio e tenho usado muito esse conceito que aprendi com você, da diferença entre confronto e conflito. Aliás, estou muito feliz porque nesta conversa quase não falamos dos políticos. Creio que é assim que se deve abordar a cidadania. Falamos de política, mas muito pouco dos políticos. Infelizmente, creio que a maioria dos políticos não entende disso que estamos conversando. A maioria só sabe conjugar o verbo "controlar", não tem o diálogo freiriano e, por isso, está desacreditada. Para que não fiquem infelizes por quase não termos falado deles, Cortella, queria trazer apenas um aspecto que vejo nos políticos, que é a bipolaridade. Essa é uma das dificuldades que percebo na prática da cidadania não obscena. As pessoas são obrigadas a escolher um lado, tudo é dividido em dois: coxinha e mortadela, por exemplo. "O mortadela barbudo e o coxinha careca..."

Cortella – Sendo chamado Cortella, com mortadela, você não tem ideia da quantidade de brincadeiras que fazem com meu nome. Inclusive, circula nas redes uma foto minha em que colocaram um sanduíche de mortadela imenso entre uma mão e outra.

Tas – Eu sou acusado, às vezes, de ser petista, mas mais de ser tucano. E muitas pessoas ficam confusas quando defendo algo que é do outro lado. Ficam todas confusas como têm que ficar, aliás. Porque temos que ir além da bipolaridade. Quero sua ajuda, Cortella: Como podemos fazer isso? Quem se beneficia quando alguém é obrigado a tomar um lado?

Cortella – Apenas o democracida se beneficia.

Tas – Democracida?

Cortella – Sim, o assassino da democracia. Porque, se no campo da opinião, se é obrigado a alguma coisa, a democracia sai de cena. Se alguém quiser tomar um lado, ele escolhe. Se for obrigado a fazê-lo, significa que não tem escolha. A maior ironia do filme *A escolha de Sofia* é que não havia escolha. Quando a personagem principal é obrigada a escolher qual de seus dois filhos deve morrer e qual deve sobreviver, não existe escolha. O título é irônico porque é impossível a democracia quando o indivíduo não tem liberdade de decisão sobre si mesmo. Uma conversa não começa com a pergunta: "De que lado você está?". Esse é o fim da conversa. Quando alguém pergunta, antes de começar um diálogo: "A favor de quem e contra quem você está?", não há diálogo. Nesse sentido, acredito que uma das coisas mais fortes que o ódio e a intolerância vêm trazendo para o dia a dia é as pessoas se organizarem naquilo que antes, nos anos 1980 e 1990, era chamado de tribos. Agora, diz-se comunidades. E essas comunidades se colocam como seitas, uma parte delas no mundo digital, inclusive. Falava-se nos anos 1960: "Qual é a sua turma? Qual é a sua, bicho?". Depois: "Qual é a sua tribo?". E agora: "Qual é a sua comunidade?". "Eu pertenço à comunidade tal." Ora, a expressão "pertenço" significa que o indivíduo é apenas propriedade ou, isso sim, que tem uma postura ativa?

Cortella – É preciso que as instituições formativas, isto é, a escola, a família, atuem na construção de critérios e na seleção daquilo que é a fonte da informação. Porque o mundo digital é feito de algoritmos que fazem escolhas por nós com base naquilo que definimos como interesse no ponto de partida. A partir daí, eles vão plasticamente moldando nosso interesse. Eles vão nos aproximando, por exemplo, da banda que não imaginávamos existir, do produto que não consumíamos, de uma comunidade que não conhecíamos e, em breve, nos perderemos naquilo que era nosso ponto de partida. Tornamo-nos uma coisa que o algoritmo, com alegria, fez com que pudéssemos sê-lo. Quando começamos a receber mais do mesmo, como diria o grande **Renato Russo**, significa não que estamos nos tornando alguém capaz de uma postura ativa, e sim que estamos sendo plastificados naquilo. Isto é, estamos nos tornando absolutamente anódinos, indiferentes. E na minha concepção, uma pessoa que queira se formar de maneira livre – a ideia da liberdade do "eu mando em mim" – precisa ter uma perspectiva emancipatória em relação aos usos das redes sociais. A palavra "emancipar", na origem, significa "tire a mão de mim", *ex manus capere*. "Larga d'eu", como dizem em Londrina e Ituverava. Ora, eu não preciso ficar prisioneiro do algoritmo. Quando ele me dá uma única direção, quem sabe eu queira abrir outras portas? Mas é preciso ter a consciência de querer fazer isso, portanto, a disseminação da formação para esse enfrentamento é decisiva. Se antes era o padre ou o pastor, o político ou o coronel, o professor quem dava a direção, hoje podemos fazer as escolhas que desejamos. Mas é necessário ter isso como decisão.

Tas – Às vezes, atribuem-se poderes incríveis às redes. Mas o que é lindo na era que vivemos é que ninguém está imune à falência. Ninguém está imune a desabar no minuto seguinte.

Cortella – A ser *orkutado*.

Tas – Sim! Até pessoas geniais como **Bill Gates**, coitado, quase foi *orkutado*. Quando subestimou o impacto da internet, por exemplo, a ex-poderosa Microsoft quase foi para o ralo. Empresas hoje no topo, como o Facebook, podem ser *orkutadas* se deixarem de ouvir o coração das pessoas, que é o que manda. Há muitas vezes uma supervalorização da tecnologia, só que não podemos nos esquecer de que fomos nós mesmos que criamos os computadores. Apesar das teses alarmistas e de teorias da conspiração de que os *softwares* vão mandar na nossa vontade, somos nós mesmos que teremos que resolver esse enrosco. Um bom começo é parar de ficar debatendo só com quem a gente concorda.

Cortella – Que é a conversão dos convertidos.

Tas – Esse é o mundo bipolar da política. A pessoa só convive com quem pensa do mesmo jeito que ela e, aí, vão todos para um ato falar o que já se sabe que vai ser falado e concordar com o que já se sabe que vai ser concordado.

Cortella – Isso é uma restrição mental.

Tas – O que nos move é o conflito, inclusive das células que estão em nosso corpo. Algumas delas estão com fome, outras querem fazer xixi... Elas são todas individuais e fazem parte do mesmo organismo. Para mim, a cidadania é algo parecido com nosso corpo. Nós somos vários indivíduos num mesmo corpo, metidos na mesma enrascada em relação ao meio ambiente, por exemplo, como você muito bem apontou, Cortella. Não adianta pensarmos que a energia hidrelétrica é uma energia limpa e que, por isso, podemos construir milhões de usinas pela Amazônia e está tudo resolvido. Mas também não é sendo contra elas que chegaremos a um consenso. A realidade é complexa e o maravilhoso disso é que as melhores soluções surgem quando há participação de muita gente, quando há compartilhamento de desejos e ideias.

Cortella – E cada um na conexão.

Tas – Exatamente.

Cortella – Chico Buarque, quando traduziu *Os saltimbancos* do italiano, fez uma frase maravilhosa: "Um bicho só é só um bicho". É a ideia de que juntos somos mais fortes. Acredito que uma das coisas que a conexão favorece é a nossa potência da ação coletiva, inclusive como autoproteção. Agora, ela exige sim, como você lembrou, a diversidade de perspectivas. A obviedade é absolutamente consoladora e restritora da capacidade mental.

Tas – Fica todo mundo pensando igual, feliz, achando que está fazendo uma revolução. Não está. Isso serve para todos nós. Serve para grupos, inclusive para as minorias que, às vezes, ficam bastante confortáveis dentro de seus claustros – obviamente e com razão se defendendo, porque muitas vezes são vítimas de violência criminosa. Mas, em outras vezes, há certo exagero e cegueira também.

Cortella – Retomando Hegel, quando alguém exagera um argumento, prejudica a causa. E as minorias de que você fala são sempre minorias políticas, minorias de poder. Mulheres são minorias de poder, mas não são minorias do ponto de vista quantitativo. No Brasil, a população afrodescendente é uma minoria política, não demográfica. Acredito que a capacidade de junção como comunidade permite, sim, a autodefesa. Mas essa comunidade não pode deixar de dialogar, de estabelecer pontes com outras coisas que são diversas. Acho magnífico o exemplo da orquestra sinfônica. Quer coisa mais "oposta" do que um oboé e um baixo tuba? Do que um violino e um címbalo? No entanto, qual é a grande capacidade de se produzir harmonia? Quando se faz com que todos os instrumentos convivam e que o contraponto não seja a destruição do som do outro. O que é uma orquestra sinfônica senão uma rede?

Tas – Você trouxe um exemplo lindo de harmonia e eu vou dar outro, só que bem nojento. Eu me apaixonei pelas ideias de uma jovem cientista alemã que fala sobre o cocô. O cocô é algo do cotidiano de cada um, de uma importância incrível e de que evitamos falar. Dentro do nosso intestino, há uma população de bactérias infinitamente maior que o número de habitantes na Terra. A defesa de tese dessa pesquisadora acabou virando um dos vídeos de ciência mais assistidos da internet. Seu livro já vendeu milhões na Europa e nos Estados Unidos. No Brasil, foi publicado recentemente e se chama *O discreto charme do intestino*[*] – eu colocaria como título *O discreto charme do cocô*, mas o editor dela não deve ter deixado. Nesse livro, ela diz que dentro de nós existe todo um universo desconhecido. Queremos chegar em Marte, mas não conhecemos nosso próprio intestino. E ela mostra também o quanto é inteligente ter consciência de nossos próprios dejetos,

---

* Giulia Enders. *O discreto charme do intestino: Tudo sobre um órgão maravilhoso*. São Paulo: WMF Martins Fontes, 2015. (N.E.)

daquilo que não aproveitamos, do que engolimos sem mastigar. Isso está ligado à cidadania.

Cortella – Existe um cientista que trabalhou esse tema há uns dez anos e escreveu um livro que se chama *O cérebro desconhecido*.* Ele diz que o intestino é o cérebro.

Tas – Então, essa alemãzinha vai além. Ela afirma que esse outro pesquisador está errado em chamar o intestino de cérebro. Sabe por quê? Porque o intestino não é o cérebro desconhecido; o intestino é o intestino. Querer chamá-lo de cérebro é um equívoco para lhe atribuir algum *status*. Ela acredita que o intestino já tem em si toda uma nobreza. Eu concordei com ela.

Cortella – É curioso porque, quando você fala da vida das bactérias, elas convivem em harmonia, aquilo a que damos o nome de simbiose e que nós, humanos, não entendemos. O massacre em Orlando é ausência de simbiose. Ausência de vida junto. **Arnold Toynbee**, que foi um grande historiador britânico, escreveu um livro chamado *A humanidade e a Mãe-Terra*.** Logo no início, ele introduz o conceito de biosfera, que até hoje é discutido pela ciência. Isto é, a esfera de vida, que é o nosso planeta. Ele trabalha uma teoria antiga, que já existia

---

* Helion Póvoa. *O cérebro desconhecido*. Rio de Janeiro: Objetiva, 2002. (N.E.)

** Rio de Janeiro: Zahar, 1978. (N.E.)

desde os gregos, de que a Terra é um organismo vivo. Tal como nós somos um organismo vivo no qual vivem bilhões de outros seres, assim também é a Terra. Portanto, nós somos hóspedes desse grande hospedeiro que é o planeta Terra. O princípio básico que ele coloca nesse livro que citei é que tudo o que for feito com o hospedeiro vai atingir o hóspede. Essas concepções sobre o mundo imenso do interno e a maneira como ele se reflete no externo, novamente remete à necessidade de termos uma estrutura de convivência harmônica, de simbiose, isto é, de vida junto. A perspectiva da obscenidade em tudo o que falamos está exatamente na recusa à simbiose. O preconceito, o racismo, a destruição ecológica, o privilégio, a política patife, tudo isso é ausência de simbiose. É claro que eu também tenho uma perspectiva otimista, por isso afirmo que o mundo digital não é confuso, e sim múltiplo. A teoria da complexidade que **Morin** trouxe nas últimas décadas é decisiva para evitarmos uma visão bipolar. Os chineses dizem: "Depois daquela montanha, há mais montanha".

Tas – Há um ponto tão óbvio quanto delicado na nossa conversa que precisa ser reforçado com todas as letras: ninguém é dono da verdade. Isso vale para todos e para nós dois, evidentemente. É necessário, cada vez mais, olhar para o mundo, e para nós mesmos, com compaixão. Estas são as tarefas necessárias e preciosas dos dias velozes que vivemos: enxergar, ouvir e, especialmente, se colocar no lugar do outro.

GLOSSÁRIO

Abreu, Capistrano de (1853-1927): Historiador brasileiro, sua obra é marcada pela pesquisa cuidadosa das fontes, que confere um caráter objetivo às suas interpretações. Sua análise baseia-se no estudo do ambiente, dos fatores geográficos, raciais, econômicos e psicológicos. Ressalta a influência das massas e do homem comum na evolução histórica e diminui a importância de chefes ou heróis.

Academo: Herói ateniense que teria revelado a localização de Helena de Troia, raptada por Teseu. Em homenagem, a terra que pertencera a Academo foi transformada em Jardim de Academo, onde Platão criaria sua Academia.

Apolo Lício: Uma das principais divindades da mitologia greco-romana, filho de Zeus, é considerado o deus da beleza, da juventude e da luz.

Aristófanes (c. 450-c. 385 a.C.): Poeta cômico grego, sua obra é caracterizada pela sátira social e política. Das 40 peças que escreveu, apenas 11 são conhecidas, entre elas *As nuvens*, em que faz uma crítica aos metafísicos e aos sofistas, personificados em Sócrates.

Aristóteles (384-322 a.C.): Filósofo grego, é considerado um dos maiores pensadores de todos os tempos e figura entre os expoentes que mais influenciaram o pensamento ocidental. Discípulo de Platão, interessou-se por diversas áreas, tendo deixado um importante legado nas áreas de lógica, física, metafísica, da moral e da ética, além de poesia e retórica.

Barroso, Luís Roberto (1958): Jurista, professor e magistrado brasileiro, é ministro do Supremo Tribunal Federal desde 2013, indicado pela então presidente da República Dilma Rousseff.

Bauman, Zygmunt (1925-2017): Sociólogo e filósofo polonês, ficou famoso pelo conceito de "modernidade líquida", que se caracteriza por relações efêmeras e superficiais. Autor de vários livros, entre eles destacam-se *Amor líquido: Sobre a fragilidade dos laços humanos*, *Modernidade e ambivalência* e *Vida para consumo*.

Buarque, Chico (1944): Um dos mais conhecidos compositores e intérpretes brasileiros, é também poeta e escritor. Teve papel importante durante a ditadura militar ao compor canções de protesto, como "Roda viva" e "Cálice". Como escritor, recebeu o prêmio Jabuti três vezes: por seu primeiro romance, *Estorvo*, em 1992; por *Budapeste*, em 2004, e por *Leite derramado*, em 2010.

Calligaris, Contardo (1948): De origem italiana, é psicanalista, doutor em Psicologia Clínica. Escritor, tem vários livros publicados e assina uma coluna no jornal *Folha de S.Paulo*.

Cármen Lúcia (1954): Jurista e magistrada brasileira, Cármen Lúcia Antunes Rocha foi a segunda mulher a ocupar o cargo de ministra do Supremo Tribunal Federal, indicada em 2006 pelo então presidente da República Luiz Inácio "Lula" da Silva. Em 2016, assumiu a presidência desse órgão.

Carroll, Lewis (1832-1898): Matemático e escritor inglês, fez carreira como professor de Matemática na Christ Church, origem da famosa Universidade de Oxford, mas tornou-se mundialmente conhecido por seus dois livros infantis, *Alice no país das maravilhas* (1865) e

Alice através do espelho (1872), ambos inspirados em Alice Liddell, filha de um amigo.

Cartola (1908-1980): Cantor, compositor, poeta e violonista brasileiro, Angenor de Oliveira, o Cartola, é autor de grandes clássicos da música popular, como "As rosas não falam" e "O mundo é um moinho". Participou também da criação da escola de samba Estação Primeira de Mangueira.

Castro, Fidel (1926-2016): Grande líder para uns, ditador implacável para outros, esteve à frente da Revolução Cubana, assumindo o controle do país em 1959. Governou a República de Cuba como primeiro-ministro até 1976 e, depois, como presidente de 1976 a 2008. Em sua administração, estabeleceu um Estado socialista unipartidário, promoveu a reforma agrária e a nacionalização da indústria.

Chedid, Nabi Abi (1932-2006): Nascido no Líbano, emigrou ainda criança para o Brasil, em 1938, onde viria a fazer carreira como político e dirigente esportivo. Foi deputado estadual por São Paulo de 1963 a 2003. No esporte, presidiu a Federação Paulista de Futebol e o time do Bragantino, além de ter sido vice-presidente da Confederação Brasileira de Futebol (CBF) e da Confederação Sul-americana de Futebol (Conmebol). Figura polêmica, teve seu nome envolvido em suspeitas de corrupção.

Da Vinci, Leonardo (1452-1519): Pintor, escultor, arquiteto, engenheiro, cientista e inventor italiano. Suas obras principais são *Mona Lisa* e *A última ceia*. Como cientista e inventor, adiantou-se muitos séculos e previu, inclusive, a criação do avião. É um gênio universal, figura principal da Renascença.

De la Taille, Yves (1951): Nascido na França, desde criança vive no Brasil. Professor de Psicologia do Desenvolvimento Moral na USP, é um dos especialistas mais respeitados do país nessa área. É coautor dos livros *Nos labirintos da moral* (com Mario Sergio Cortella) e *Indisciplina na escola*, e autor, entre outros, de *Limites: Três dimensões educacionais* e de *Formação ética: Do tédio ao respeito de si.*

De Masi, Domenico (1938): Sociólogo italiano, é conhecido pelo conceito de "ócio criativo", que dá título a um de de seus livros. É autor também de *A emoção e a regra*, *A sociedade pós-industrial* e *O futuro do trabalho*, entre outras obras.

Dimenstein, Gilberto (1956): Jornalista, obteve reconhecimento dentro e fora do Brasil por suas reportagens investigativas. Já foi agraciado com o Prêmio Jabuti de Livro do Ano de Não Ficção e ganhou o Prêmio Nacional de Direitos Humanos. É o criador e o coordenador da plataforma Catraca Livre, além de idealizador da Cidade Escola Aprendiz, experiência de educação comunitária considerada referência mundial pela Unesco e pelo Unicef.

Dussel, Enrique (1934): Escritor e filósofo nascido na Argentina, exilou-se no México após um ataque a bomba em sua casa, realizado por um grupo paramilitar, e acabou por tornar-se cidadão mexicano. Doutorou-se em Filosofia na Universidade Complutense de Madri e em História na Sorbonne, em Paris. Escreveu mais de 50 obras, entre as quais *Por um mundo diferente* e *Ética da libertação.*

Elis Regina (1945-1982): Uma das mais importantes cantoras brasileiras, era conhecida pela potência vocal, presença de palco e temperamento difícil, tendo recebido o apelido de "Pimentinha" por Vinícius de Moraes. Foi intérprete de grandes sucessos da MPB, como "Arrastão", "Como nossos pais", "O bêbado e a equilibrista" e "Águas de março", este em parceria com Tom Jobim. Morreu jovem, vítima de *overdose*.

Engels, Friedrich (1820-1895): Socialista alemão, filho de um rico industrial, ficou impressionado pela situação de miséria dos operários. Com Karl Marx, estabeleceu as bases do marxismo e escreveu o *Manifesto Comunista*. Após a morte de Marx, ajudou a publicar os dois últimos volumes de *O Capital*.

Freire, Paulo (1921-1997): Educador brasileiro, um dos mais importantes pedagogos do século XX, mostrou um novo caminho para a relação entre professores e alunos. Suas ideias continuam influenciando educadores em todo o mundo. São palavras-chave para entender seu trabalho: diálogo como princípio, formação da consciência, ação cultural, educação popular e emancipação. Entre suas obras estão *Educação como prática da liberdade*, *Pedagogia do oprimido* e *Pedagogia da autonomia*.

Gates, Bill (1955): Programador, executivo e filantropo, William Henry Gates III é um dos fundadores da Microsoft. Em 1980, revendeu à IBM o sistema operacional MS-DOS, que foi o ponto de partida para democratizar o computador pessoal (PC) em todo o mundo. Mais tarde desenvolveria o Windows, um dos sistemas operacionais mais utilizados ao redor do globo.

Guevara, Ernesto "Che" (1928-1967): Médico graduado, nascido na Argentina, Ernesto Rafael Guevara de la Serna ficou conhecido por sua atuação na guerrilha política que buscava depor governos autoritários. Esteve ao lado de Fidel Castro na Revolução Cubana, que culminou com a instauração de um novo regime político, de orientação socialista, naquele país. Lutou no Congo e na Bolívia, onde foi capturado e assassinado pelo exército boliviano em colaboração com a CIA, o serviço de inteligência americano.

Guimarães Rosa, João (1908-1967): Ficcionista e diplomata brasileiro, tornou-se conhecido como escritor a partir da publicação de *Sagarana* em 1937. Seu trabalho é marcado pela invenção e pela inovação vocabular. Entre suas obras destacam-se *Grande sertão: Veredas* (1956) e *Primeiras estórias* (1962).

Gutenberg, Johannes (c. 1400-1468): Mestre gráfico alemão, foi pioneiro no campo da imprensa gráfica. Dedicou-se à fabricação de caracteres móveis, inventando a tipografia. O primeiro livro impresso por Gutenberg foi a *Bíblia*, com uma tiragem de 180 exemplares.

Hegel, Georg Wilhelm Friedrich (1770-1831): Filósofo alemão muito influente, defendeu uma concepção monista, segundo a qual mente e realidade exterior teriam a mesma natureza. Acreditava que a história é regida por leis necessárias e que o mundo constitui um único todo orgânico.

Heidegger, Martin (1889-1976): Importante pensador e filósofo do século XX, teve por mestre Edmund Husserl, que o influenciou fortemente. Quando Husserl tornou-se professor na Universidade de Friburgo, Heidegger foi seu assistente, sucedendo-o posteriormente na cátedra de Filosofia. O conjunto de sua obra, em que *Ser e tempo* ocupa posição central, continua essencial até hoje.

Heráclito (550-480 a.C.): Filósofo grego, baseava-se na tese de que o Universo é uma eterna transformação, onde os contrários se equilibram. Considerado o "pai da dialética", formulou o problema da unidade permanente do ser diante da pluralidade e da mutabilidade das coisas transitórias.

Horácio (65-8 a.C.): Poeta e filósofo romano, teve seus estudos financiados pelo pai, escravo liberto. Lírico, satírico e moralista político, uma de suas obras mais importantes constitui-se nos quatro livros que compõem as *Odes*, conjunto de poemas de onde foi retirada a famosa expressão *carpe diem*, "aproveite o dia".

Lênin (1870-1924): Chefe de Estado responsável pela Revolução Russa de 1917, foi o primeiro dirigente da União Soviética. Como líder do partido comunista, influenciou os partidos de esquerda marxistas de todo o mundo. Após sua morte, seu corpo foi embalsamado e ainda hoje está conservado no mausoléu de Lênin.

Luba (1990): Lucas Feuerschütte, o Luba, nasceu na cidade de Tubarão, em Santa Catarina, e atua na internet desde 2010. Ficou conhecido por conta de seu canal no YouTube, o "LubaTV", voltado ao público adolescente.

"Lula" da Silva, Luiz Inácio (1945): Ex-presidente do Brasil, com mandatos de 2003 a 2010, iniciou a carreira política como representante sindical, sendo o cofundador do Partido dos Trabalhadores (PT).

Mantovani, André: Ex-diretor da MTV, foi vice-presidente da TV Cultura e atualmente pertence ao conselho editorial da revista *Pais&Filhos*.

Marx, Karl (1818-1883): Cientista social, filósofo e revolucionário alemão, participou ativamente de movimentos socialistas. Seus estudos resultaram na obra *O capital* (1867), que exerce até hoje grande influência sobre o pensamento político e social no mundo todo.

Michelangelo (1475-1574): Pintor e escultor italiano, até hoje é considerado um dos mais talentosos artistas plásticos de todos os tempos, como outros de sua época, entre eles, Leonardo da Vinci, Rafael e Giotto. Entre 1508 e 1512, pintou o teto da Capela Sistina no Vaticano.

Mischel, Walter (1930): Psicólogo americano, ficou famoso por conduzir o teste do *marshmallow*, concluindo que a capacidade de adiar uma gratificação pode significar sucesso no futuro.

Morin, Edgar [pseudônimo de Edgar Nahoum] (1921): Antropólogo, sociólogo e filósofo francês, judeu de origem sefardita, considerado um dos principais pensadores contemporâneos e teóricos da complexidade, é autor de mais de 30 livros. Sua principal obra, *O método*, constituída por seis volumes, foi escrita durante três décadas e meia.

Munanga, Kabengele (1942): Antropólogo nascido numa aldeia do antigo Zaire, atual República Democrática do Congo, é professor da USP. Especialista em antropologia afro-brasileira, dedica atenção especial em seus estudos ao tema do racismo. Recebeu a Ordem do Mérito Cultural em 2002.

Parmênides (c. 540 a.C.-?): Filósofo grego, escreveu uma única obra – *Sobre a natureza* –, em forma de poemas e dividida em duas partes, indicando dois caminhos possíveis: o da verdade, imutável e perfeito, e o do costume, que traduz a experiência confusa dos sentidos.

Péricles (495-429 a.C.): Líder político ateniense, foi uma das figuras-chave da consolidação do sistema democrático na Grécia Antiga. Célebre orador e grande estrategista militar, foi reeleito anualmente por mais de 30 anos. A influência e as habilidades de Péricles culminaram na Era de Ouro de Atenas.

Platão (427-347 a.C.): Um dos principais filósofos gregos da Antiguidade, discípulo de Sócrates, influenciou profundamente a filosofia ocidental. Afirmava que as ideias são o próprio objeto do conhecimento intelectual. Escreveu 38 obras que, pelo gênero predominante adotado, ficaram conhecidas pelo nome coletivo de *Diálogos de Platão*.

Polo, Marco (1254-1324): Navegador veneziano, em 1271 partiu com o pai, Niccolò, e o tio Matteo, que eram comerciantes, para o Oriente, percorrendo a chamada Rota da Seda. A viagem durou 24 anos, 17 deles passados na China, que descreveu em relatos.

Prado, Paulo (1869-1943): Filho mais velho do conselheiro Antônio Prado, foi escritor e homem de negócios. Teve marcante atuação intelectual, tendo sido o principal incentivador e financiador da Semana de Arte Moderna de 1922. Em 1927, fundou a Sociedade Capistrano de Abreu, cujas obras reeditou. Autor de *Retrato do Brasil: Ensaio sobre a tristeza brasileira*, publicado em 1928, no livro apresenta uma visão pessimista do país e de sua história.

Quadros, Jânio (1917-1992): Foi presidente do Brasil entre janeiro e agosto de 1961, tendo depois disso renunciado ao cargo. Sua campanha política voltada à aproximação com as classes populares e o *slogan* "Varre, varre vassourinha; varre, varre a bandalheira", que prometia acabar com a corrupção, causaram mobilização popular e ele ganhou as eleições com expressiva quantidade de votos. Contudo, a crise financeira se intensificou durante seu mandato, sua política externa de reaproximação com países comunistas desagradou aos conservadores e ele tomou medidas polêmicas e de pouca relevância política, como a proibição do uso de biquínis nas praias. Poucos meses depois de eleito, apresentou a sua carta de renúncia ao Congresso Nacional.

Russo, Renato (1960-1996): Cantor e compositor brasileiro, fundou a Legião Urbana, banda que o tornou conhecido mundialmente. Lançou diversos álbuns e *singles*, a maioria de sua autoria, e participou da efervescência do *rock* brasileiro dos anos 1980. Cantou ao lado de Herbert Vianna, Adriana Calcanhoto e Cássia Eller, entre outros. Alguns de seus maiores sucessos são "Faroeste caboclo", "Pais e filhos" e "Que país é este?".

Sabino, Fernando (1923-2004): Escritor, jornalista e professor mineiro, iniciou carreira ao escrever artigos literários para *O diário*. Depois de lançar sua obra mais conhecida, *O encontro marcado* (1956), decidiu abandonar a carreira no setor público para dedicar-se exclusivamente às atividades de jornalista e de escritor, época em que começou a produzir crônicas para o *Jornal do Brasil*. Em 1979, publicou o romance *O grande mentecapto*, agraciado com o prêmio Jabuti (1980) e posteriormente adaptado para o teatro e o cinema.

Sócrates (470-399 a.C.): Filósofo grego, não deixou obra escrita. Seus ensinamentos são conhecidos por fontes indiretas. Praticava filosofia pelo método dialético, propondo questões acerca de vários assuntos.

Spielberg, Steven (1946): Cineasta americano mundialmente conhecido, dirigiu filmes como *Encurralado*, *Tubarão*, *Contatos imediatos de terceiro grau*, *E.T.*, a série com a personagem Indiana Jones, *A lista de Schindler* e a refilmagem de *A guerra dos mundos*.

Toynbee, Arnold (1889-1975): Historiador britânico, de 1934 a 1961 ocupou-se em escrever aquela que seria sua obra-prima, em 12 volumes: *Um estudo da história*, que trata da ascensão e da queda das civilizações. Seu pensamento foi de grande influência para a filosofia da história.

Varella, Drauzio (1943): Médico cancerologista formado pela USP, lecionou em várias universidades e dirigiu por muitos anos o serviço de imunologia do Hospital do Câncer de São Paulo. É conhecido por importantes campanhas públicas de prevenção de doenças, como a Aids e as provocadas pelo tabagismo.

Xuxa (1963): Nascida em Santa Rosa, Rio Grande do Sul, Maria das Graças "Xuxa" Meneghel ficou conhecida como a Rainha dos Baixinhos, por conta do trabalho que realizou durante anos como apresentadora e cantora infantil. Atuou também em alguns filmes voltados a esse público e hoje comanda na TV um programa de entretenimento.

Especificações técnicas

Fonte: Adobe Garamond Pro 12,5 p
Entrelinha: 18,3 p
Papel (miolo): Off-white 80 g
Papel (capa): Cartão 250 g
Impressão e acabamento: Paym